财务经济综合分析及其应用研究

李洪高 邵 弯 刘竹民 ◎著

中国商务出版社
CHINA COMMERCE AND TRADE PRESS

图书在版编目（CIP）数据

财务经济综合分析及其应用研究 / 李洪高，邵弯，刘竹民著. -- 北京：中国商务出版社，2022.9
　　ISBN 978-7-5103-4439-8

Ⅰ．①财… Ⅱ．①李… ②邵… ③刘… Ⅲ．①会计分析—研究 Ⅳ．①F231.2

中国版本图书馆CIP数据核字(2022)第179462号

财务经济综合分析及其应用研究
CAIWU JINGJI ZONGHE FENXI JIQI YINGYONG YANJIU

李洪高　邵弯　刘竹民　著

出　　版：	中国商务出版社
地　　址：	北京市东城区安外东后巷28号　　邮　编：100710
责任部门：	外语事业部（010-64283818）
责任编辑：	李自满
直销客服：	010-64283818
总 发 行：	中国商务出版社发行部　（010-64208388　64515150 ）
网购零售：	中国商务出版社淘宝店　（010-64286917）
网　　址：	http://www.cctpress.com
网　　店：	https://shop162373850.taobao.com
邮　　箱：	347675974@qq.com
印　　刷：	北京四海锦诚印刷技术有限公司
开　　本：	787毫米×1092毫米　1/16
印　　张：	11.5　　　　　　　　　　　　字　数：237千字
版　　次：	2023年5月第1版　　　　　　　印　次：2023年5月第1次印刷
书　　号：	ISBN 978-7-5103-4439-8
定　　价：	68.00元

凡所购本版图书如有印装质量问题，请与本社印制部联系（电话：010-64248236）

版权所有　盗版必究（盗版侵权举报可发邮件至本社邮箱：cctp@cctpress.com）

前 言

在我国市场经济不断发展的形势下，各企事业单位的竞争也不断加剧，企业的财务经济综合分析作为一个单位资本运作的关键因素，是整个企业稳步有序进行经济输出的保障。财务经济综合分析不仅能帮助各单位确定发展方向，明确资本运作流程，还能帮助各单位找寻发展过程中出现的问题与不足，并对未来的发展方向提供数据理论支持。

财务分析是以公司财务报告及其他相关资料为主要依据，采用专门的会计技术和方法，对企业的风险和营运状况进行分析的财务活动，是反映企业财务状况、经营成果和现金流量的重要手段。由于资本市场的不断发展，上市公司经营业务和交易行为以及国际间交易往来行为的创新与发展，公司进行财务分析的内涵和外延不断扩展，对财务经济的综合分析与应用研究提出了更高的要求。

本书共八章，从多角度对我国公司财务综合分析进行了系统性研究。第一章财务分析的基础概述，主要介绍财务分析的基础知识，包括财务分析的含义、产生、体系和形式；第二章介绍了财务分析信息理论，包括财务分析信息的种类、年度报告的内涵与作用、会计报表与报表附注和审计报告与内部控制信息；第三章主要内容是财务分析的程序与方法；第四章对财务的负债表进行了多方位的分析；第五章对企业财务状况表进行了分析，包括利润表、现金流量表和所有者权益变动表；第六章主要内容是财务效率的分析，财务效率包括偿债能力、盈利能力、营运能力和发展能力；第七章主要分析了企业的国际贸易方式，包括包销、经销与独家代理，寄售、展卖与拍卖，招投标、对销与加工以及商品期货交易；第八章主要介绍了企业财务综合分析及其应用。

本书内容充实，材料丰富，注重实用性，能帮助人们更好地了解和研究财务经济综合分析的理论及应用。本书在编写过程中，力求做到书中内容完整准确、条理清晰、通俗易懂，但由于时间、精力和水平有限，方方面面的不足必然存在，诚挚地欢迎广大读者以及专家批评指正，敬请读者谅解。

目 录

第一章　财务分析基础概述 ·· 1

　　第一节　财务分析的含义 ·· 1
　　第二节　财务分析的产生 ·· 2
　　第三节　财务分析的体系 ·· 4
　　第四节　财务分析的形式 ·· 10

第二章　财务分析信息理论 ·· 16

　　第一节　财务分析信息的种类 ······································ 16
　　第二节　年度报告的内涵与作用 ···································· 21
　　第三节　会计报表与报表附注 ······································ 23
　　第四节　审计报告与内部控制信息 ·································· 28

第三章　财务分析程序与方法 ·· 31

　　第一节　财务分析程序 ·· 31
　　第二节　财务分析方法 ·· 34

第四章　资产负债表分析 ·· 51

　　第一节　资产负债表分析概述 ······································ 51
　　第二节　资产负债表水平分析 ······································ 53
　　第三节　资产负债表垂直分析 ······································ 58
　　第四节　资产负债表项目分析 ······································ 65

第五章　企业财务状况表分析 ·· 73

　　第一节　利润表分析 ·· 73
　　第二节　现金流量表分析 ·· 84
　　第三节　所有者权益变动表分析 ···································· 88

第六章　财务效率分析 ·· 97
第一节　偿债能力分析 ·· 97
第二节　盈利能力分析 ·· 108
第三节　营运能力分析 ·· 119
第四节　发展能力分析 ·· 127

第七章　企业国际贸易方式 ·· 133
第一节　包销、经销与独家代理 ································ 133
第二节　寄售、展卖与拍卖 ······································ 138
第三节　招投标、对销与加工 ···································· 144
第四节　商品期货交易 ·· 154

第八章　企业财务综合分析与应用 ······························ 159
第一节　财务综合分析概述 ······································ 159
第二节　财务综合分析方法 ······································ 162
第三节　杜邦财务分析介绍 ······································ 167
第四节　财务分析的内部应用 ···································· 172

参考文献 ·· 175

第一章 财务分析基础概述

第一节 财务分析的含义

在明确财务分析学科定位的基础上，界定财务分析的内涵是建立财务分析理论体系的关键。财务分析是财务分析主体为实现财务分析目标，以财务信息及其他相关信息为基础，运用财务分析技术，对分析对象的财务活动的可靠性和有效性进行分析，为经营决策、管理控制及监督管理提供依据的一门具有独立性、边缘性、综合性的经济应用学科。

财务分析的主体是多元的，投资者、中介机构(如财务分析师)、管理者、监管部门、其他利益相关者等都是财务分析的主体。他们都从各自的目的出发进行财务分析。

财务分析的分析依据或基础以财务信息为主，其他相关信息为辅。财务信息包括财务报告信息和内部会计报告信息，资本市场金融产品价格信息和利率信息等；其他相关信息包括非财务的统计信息、业务信息等。

财务分析的对象是财务活动，分析的内容是其可靠性与有效性。所谓可靠性分析是分析财务信息是否真实准确地反映了财务活动的过程与结果，特别是分析那些由于会计信息确认、计量、记录和报告原则与方法的差异、变更、错误等对财务活动可靠性带来的影响；所谓有效性分析是分析财务活动的盈利能力、营运能力、支付能力、增长能力等，以判断分析对象财务活动与结果的质量，为经营决策、管理控制及监督管理提供准确的信息或依据。

因此，从相关主体来看，财务分析可分为投资者财务分析、管理者财务分析、监管者财务分析、客户财务分析、供应商财务分析、员工财务分析等；从分析方法来看，财务分析可分为会计分析与比率分析；从服务对象来看，财务分析可分为外部财务分析和内部财务分析；从职能作用来看，财务分析可分为基于决策的财务分析、基于控制的财务分析和基于监管的财务分析。

综上所述，财务分析是以会计核算和报告资料及其他相关资料为依据，采用一系列专门的分析技术和方法，对企业等经济组织过去和现在的有关筹资活动、投资活动、经营活动的盈利能力、营运能力、偿债能力和增长能力状况等进行分析与评价，为企业的投资者、债权者、经营者及其他关心企业的组织或个人了解企业过去、评价企业现状、预测企业未来、做出正确经营决策、管理控制和监督管理提供准确的信息或依据的经济应用学科。

第二节　财务分析的产生

一、财务分析与会计的产生

财务分析的产生与发展是社会经济发展对财务分析信息需求与供给共同作用的结果。会计技术与会计报表的发展为财务分析的产生与发展奠定了理论基础。

财务分析的基础是财务报表，财务报表的基础是会计技术。因此，会计技术发展影响和决定着财务分析的产生与发展。会计技术的发展可分为四个阶段：一是利用会计凭证记录交易事项；二是利用会计分类账记录交易事项；三是编制财务报表；四是财务报表解释。财务报表解释的目的是给管理者提供经营管理信息。

财务报表解释要求财务分析。财务报表是会计分类账的缩写，相当少的财务报表数据代表了无数会计借贷的结果。有些财务报表数据非常综合，是无数业务交易的结果，因此，对于财务报表反映的单一数据与无数业务交易之间就存在许多需要解释的内容。为了解释介于财务报表与业务交易之间的中间数据，就要对财务报表进行分析，即从总体分解到其构成因素，或者说是采用与会计相反的程序，从财务报表回到原始分录。

财务报表解释要求比较。对财务报表构成因素的进一步检验，并不能得出最终财务状况的结论，还必须计量各因素的相关程度。例如，只看企业的流动负债绝对额还不能得出企业支付能力好坏的结论，必须将其与流动资产相比较，即从流动负债与流动资产之间的相关程度说明企业的支付能力。因此，解释企业财务状况仅解释财务报表是不够的，还要进行各种相关比较，包括不同历史阶段的比较。而对财务报表信息的比较正是财务分析的基本技术。

二、财务分析技术的产生

（一）标准比率的产生

在广泛接受比率分析方法的同时，人们（如财务分析师）感觉需要一种类似成本会计中标准成本的比率分析标准，即标准比率。1923 年，詹姆斯提出：在每一个行业，都有以行业活动为基础并反映行业特点的财务与经营比率，这些比率可通过行业平均比率来确定。他计算了许多行业和相当多公司的平均或标准比率。标准比率的观点开始流行，许多组织开始计算这些标准比率。

（二）趋势百分比的出现

1925 年，在出版物中出现了对比率分析进行严厉批评的文章。归纳起来，对比率分析的异议主要有四点：第一，比率的变动可能仅仅被解释为两个相关因素之间的变动；第二，某一比率很难综合反映与比率计算相关的某一报表（资产负债表）的联系；第三，比率给人们不保险的最终印象；第四，比率不能给人们财务报表（如资产负债表）关系的综合观点。为了解决比率分析的问题，人们提出了替代比率技术的方法，即选择一年为基年，得到一系列相关基年的百分比，即趋势百分比。通过研究这种变动，可得到企业进步程度的综合印象。这标志着趋势分析的产生。

（三）现代财务分析技术

现代财务分析技术是在传统分析技术的基础上不断完善与发展的，如比率分析、趋势分析、结构分析等。虽然它们仍是现代财务分析的基本技术之一，但与传统分析技术相比，其分析体系、分析内容已发生了重大变化。同时，一些新的分析技术也被应用于财务分析之中，如预测分析技术、实证分析技术、价值评估技术、电算化分析技术等等。总之，现代财务分析技术体现了传统分析技术与现代分析技术的结合、手工分析技术与电算化分析技术的结合、规范分析技术与实证分析技术的结合、事后评价分析技术与事前预测分析技术的结合。

三、财务分析形式

（一）静态分析与动态分析

财务分析中的计量可分为两大类：一类是计量单一报表各项目之间的关系；另一类是计量连续报表中各项目的关系。前者是静态分析，后者是动态分析。静态分析通过对经济活动中各项目之间的关系进行分析，找出其内在联系，揭示其相互影响与作用，反映经济效益和财务状况；动态分析则通过对不同时期经济活动的对比分析，揭示经济活动的变动及其规律。财务分析的最初形式是静态分析，如比率分析就属于静态分析。当人们认识到静态分析的缺陷后，开始采用动态分析的方式弥补其不足，动态分析应运而生。可见，要全面综合解释财务报表，这两类分析都是必需的。

（二）内部分析与外部分析

财务分析与企业内部和外部都相关。内部分析是指在所分析企业的内部，分析师可直接接触会计账簿和有关企业的全部信息；外部分析是指在所分析企业的外部，分析师只能得到企业必须披露和愿意披露的信息。通常，银行信贷分析、投资者的投资分析等属于外部分析，而企业管理者从经营角度进行的分析则属于内部分析。财务分析最初产生于企业外部需要，随着经济的发展和对管理的重视，内部分析需求也不断增加。由于企业自愿披露或强制披露的信息逐渐增多，最近可用于外部分析的信息也在不断增多。贷款人现在可得到的财务报表等信息在过去是得不到的。投资分析师从证券交易委员会得到的信息，以前也是得不到的。

（三）全面分析与专题分析

财务分析根据分析的内容与范围的不同，可分为全面分析和专题分析两种。全面分析是指对企业一定时期内的经营情况进行系统、综合、全面的分析与评价。其目的是找出企业经营中具有普遍性的问题，全面总结企业在这一时期的成绩与问题，为协调各部门关系、搞好下期生产经营安排奠定基础或提供依据。专题分析是指根据分析主体或分析目标的不同，对企业生产经营过程中某一方面的问题所进行的较深入的分析。如经营者对经营过程某一环节或某一方面存在的突出问题进行分析，投资者或债权者对自己关心的某个方面的问题进行分析等，都属于专题分析。专题分析能及时、深入地揭示企业在某方面的财务状况，为分析者提供详细的资料信息，对解决企业的关键性问题有重要作用。在财务分析中，应将全面分析与专题分析相结合，这样才能全面、深入地揭示企业的问题，正确地评价企业的各方面状况。

第三节 财务分析的体系

一、西方财务分析体系与内容评价

财务分析作为一门独立学科，必然涉及对财务分析目标、分析方法、分析内容的界定与安排问题。从不同角度或不同的分析目标出发，可得出不同的财务分析体系。西方理论界关于财务分析体系的安排多种多样，可以说每本书都有自己的体系，但从总体看，可归为以下几种体系：

（一）概论、会计分析、财务分析三大部分

这种体系实际上是在总论财务分析目标、方法、资料、环境的基础上将财务分析内容分为会计分析和财务分析两大部分。

会计分析实质上是明确会计信息的内涵与质量，即从会计数据表面提示其实际含义。分析中不仅包括对各会计报表及相关会计科目内涵的分析，而且包括对会计原则与政策变动的分析、会计方法选择与变动的分析、会计质量及变动的分析等等。

财务分析实质上是分析的真正目标所在，它是在会计分析的基础上，应用专门的分析技术与方法，对企业的财务状况与成果进行分析。其通常包括对企业投资收益、盈利能力、短期支付能力、长期偿债能力、企业价值等进行分析与评价，从而得出对企业财务状况及成果的全面、准确评价。

（二）概论、分析工具、分析应用三大部分

这个体系中的概论部分主要强调财务分析的环境与目标，而将分析方法问题专门作为一部分研究。可以说第一部分概论是一种分析的理论基础。

第二部分分析工具则是分析的方法论问题，通常包括分析的程序与具体技术分析方法。从方法论角度看，分析程序可分为经营环境分析（包括行业分析、企业经营战略分析等）、基础资料分析（主要指对财务报表的内涵与质量进行分析）、财务分析、前景分析（包括预测分析与价值评价），从而形成完整的分析方法论体系。关于具体分析技术，则根据不同环节的特点选择不同的技术方法，如财务分析中的比率分析，前景分析中的预测技术，以现金流量为基础的评价技术和以会计收益为基础的评价技术，等等。

第三部分是分析的具体应用问题，即上述分析工具在实践领域的应用，通常包括证券分析、信贷分析及经营分析评价在兼并与收购、公司筹资政策和管理交流等方面的应用。

采用这种理论、方法、应用体系的还有 George Foster 的《财务报表分析》，但他的分析方法部分介绍的不是按分析程序与内容划分的战略分析、会计分析、财务分析、前景分析，而是按具体分析技术划分的横向比较分析、时间序列分析、比率分析、实证分析等。他的分析应用部分，则从证券市场分析、信贷分析与财务危机预测、会计政策选择角度进行。

（三）概论、经营分析、投资分析、筹资分析、价值评估分析

这种体系的概论部分主要论述财务分析的内涵，通常从企业筹资活动、投资活动和经营活动三方面引出分析目标、分析资料及分析内容。在此基础上，从经营分析、投资分析、筹资分析、价值评估分析几个方面，应用相应的分析方法进行系统分析与评价。

作为一个全面系统的分析体系，无论如何安排篇章结构，其基本内容通常包括分析理论、分析方法、具体分析及分析应用。但目前分析内容值得研究的问题有三个：一是总体范畴问题；二是内容划分与地位问题；三是具体财务分析内容问题。

1. 财务分析总体范畴

从分析的总体范畴看，传统财务分析中的盈利能力分析、偿债能力分析（或支付能力分析）、营运能力分析（或投资分析、筹资分析、经营分析，或资产负债表分析、利润表分析、现金流量表分析）等都是不可缺少的，问题是财务分析应否包括以下内容：

（1）战略分析；
（2）会计分析；
（3）价值评估分析；
（4）预测分析。

2. 财务分析内容划分与地位

从总体内容看，现代财务分析或多或少地包含会计分析、财务分析、战略分析、价值评估分析、预测分析等内容，但会计分析、战略分析、价值评估分析、预测分析与财务分

析是否处于同等地位呢？从上述体系与内容分析看，显然有不同的观点。

第一种处理方法是将这些内容与方法并列，构成一个分析与评价体系。

第二种处理方法是突出会计分析与财务分析，而将价值评估分析及预测分析内容放在财务分析之中，将经营战略分析等内容放在概论中，或不包括战略分析。

第三种处理方法是突出财务分析，将会计分析、经营战略分析等内容简化在概论中，将预测分析与价值评估分析作为财务分析的一部分或是作为财务分析的基础。

3. 财务分析的具体内容

从具体的财务分析内容看，分歧主要体现在两个方面：

第一，是否划分财务分析与财务分析应用。传统的分析中很少单独将分析应用作为一部分，通常从会计报表种类或分析技术入手进行财务分析。现代财务分析中通常是区分财务分析与分析应用。财务分析往往介绍其基本内容与基本方法，分析应用则突出各实践领域的财务分析，如证券市场分析、兼并分析等。当然，现代财务分析也存在不区分财务分析与财务分析应用的情况。

第二，如何规范财务分析内容与财务分析应用内容。严格区分财务分析内容与财务分析应用内容是很困难的。如有的书将财务分析方法作为财务分析内容，将盈利能力分析、偿债能力分析、预测分析、价值评估分析作为分析应用内容；有的书将盈利能力分析、风险分析等作为财务分析内容，将企业重组分析、证券市场分析、价值评估分析等作为财务分析应用。

二、我国财务分析体系构建的理论基础

（一）企业目标与财务目标

任何一个学科体系与内容的建立都不能离开其应用领域的目标或目的。财务分析作为对企业财务活动及其效率与结果的分析，其目标必然与企业的财务目标相一致。目前，关于企业财务目标的提法或观点较多，如股东权益目标、企业价值目标、利润目标、经济效益目标等。

要研究企业财务目标，首先，应明确企业目标。其次，企业的目标从根本上必然与企业的所有者目标相一致。作为一个企业，其生存与发展的基础是拥有一定资源，包括资本资源和劳动力资源。企业的所有者是资本资源的所有者还是劳动力资源的所有者呢？这里存在两种不同的观点。一种观点认为，资本所有者是企业的所有者，即资本所有者以其资本投入为基础雇用劳动力，劳动者是企业的雇工，这就是所谓的资本雇佣劳动制。另一种观点认为，劳动力所有者即劳动者是企业的所有者，劳动者以劳动为基础，通过雇佣资本进行生产经营。此时，劳动者是企业所有者，资本是企业购买的生产要素，这就是所谓的劳动雇佣资本制。在商品经济条件下，劳动雇佣资本制是不能成立的，因为在劳动雇佣资本制度下，企业只能负盈，不能负亏，或者说劳动者只能分享收益，不能承担风险。现代企业制度属于资本雇佣劳动制，因此，企业所有者是资本所有者，企业目标应与企业资本

所有者目标相一致，即资本的保值与增值。

企业资本保值增值目标与企业财务目标是否一致呢？回答是肯定的。无论是股东权益目标、企业价值目标、利润目标，还是经济效益目标，都是如此。追求股东权益或股东价值增加是企业财务的根本目标，它与追求企业价值或其他利益方利益并不矛盾。股东价值增加，从长远看，必然使企业各利益方同时受益，不可能以损害其他利益方为基础。股东是公司中为增进自己权益而同时增进每一人权益的唯一利益方。同时，股东价值目标与利润目标和经济效益目标也不矛盾，利润是直接目标，经济效益是核心目标。

（二）财务目标与财务活动

企业追求财务目标的过程正是企业进行财务活动的过程，这个过程包括筹资活动、投资活动、经营活动和分配活动。图 1-1 反映了企业财务活动与财务目标的关系。

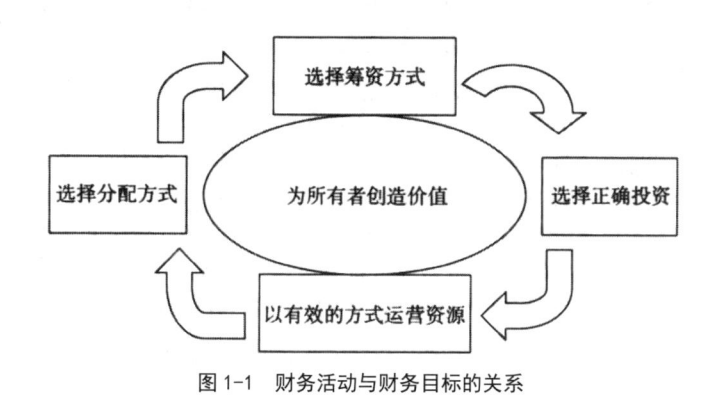

图 1-1 财务活动与财务目标的关系

企业筹资活动过程是资本的来源过程或资本取得的过程，包括自有资本（所有者权益）和借入资本（负债）。企业在筹资活动中或在取得资本时，要考虑资本成本、筹资风险、支付能力、资本结构等因素。筹资活动的目的在于以较低的资本成本和较小的风险取得企业所需要的资本。

企业投资活动过程是资本的使用过程或资产的取得过程，包括流动资产、固定资产、长期投资、无形资产等。企业在投资活动过程中，要考虑投资收益、投资风险、投资结构及资产利用程度等因素。投资活动的目的在于充分使用资产，以一定的资产、较小的风险取得尽可能大的产出。

企业经营活动过程是资本的耗费和收回过程，包括发生的各种成本费用和取得的各项收入。企业在经营活动中，要考虑生产要素和商品或劳务的数量、结构、质量、消耗、价格等因素。经营活动的目的在于以较低的成本费用取得较多的收入，实现更多的利润。

企业分配活动过程是资本退出经营的过程或利润分配的过程，包括提取资本公积和盈余公积、向股东支付股利和留用利润等。企业在分配过程中，要考虑资本需要量、股东的利益、国家政策、企业形象等因素。分配活动的目的在于兼顾各方面利益，使企业步入良性循环的轨道。

（三）财务活动与财务报表

企业的基本财务报表由资产负债表、利润表和现金流量表组成。企业的各项财务活动都直接或间接地通过财务报表来体现，如图 1-2 所示。

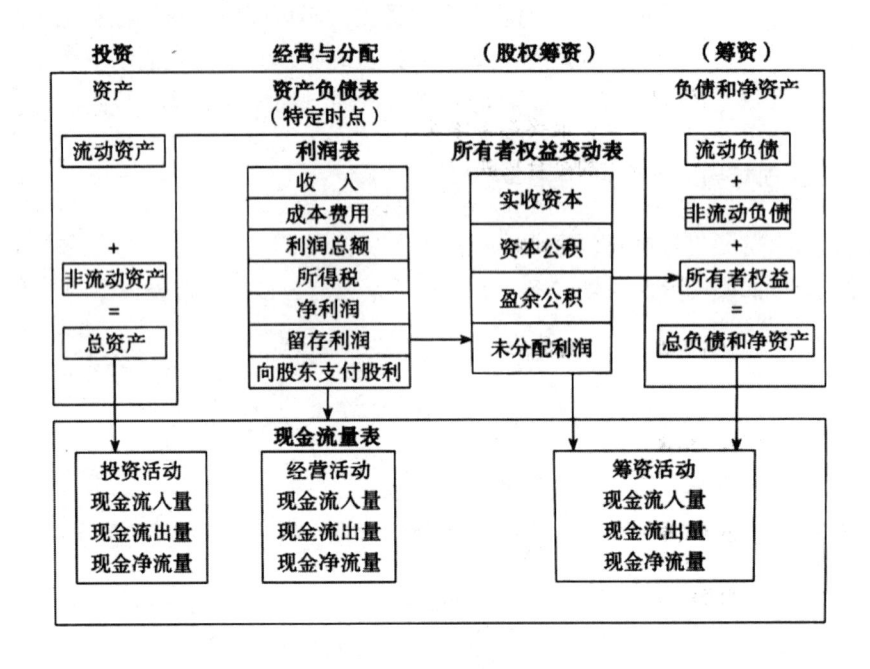

图 1-2 财务活动与财务报表形式图

资产负债表是反映企业在某一特定日期财务状况的报表。它是企业筹资活动和投资活动的具体体现。

利润表是反映企业在一定会计期间经营成果的报表。它是企业经营活动和分配活动的具体体现。

所有者权益变动表是反映企业在一定会计期间所有者权益变动情况的报表。它是企业股权筹资活动的具体体现。

现金流量表是反映企业在一定会计期间现金和现金等价物（以下简称现金）流入和流出的报表。它以现金流量为基础，是企业财务活动总体状况的具体体现。

可见，财务报表从静态到动态，从权责发生制到收付实现制，对企业财务活动中的筹资活动、投资活动、经营活动和分配活动进行了全面、系统、综合的反映。

（四）财务报表与财务效率

财务报表，包括动态报表和静态报表，它不仅能直接反映筹资活动、投资活动、经营活动和分配活动的状态或状况，而且可间接揭示或通过财务分析揭示财务活动的效率或能力，包括盈利能力、营运能力、偿债能力和增长能力。

盈利能力是指企业投入一定资源所取得利润的能力。根据不同的资源投入，盈利能力可分为资本经营盈利能力，即利润与所有者权益之比；资产经营盈利能力，即利润与总资产之比；商品经营盈利能力，即利润与成本费用之比。

营运能力是指企业营运资产的效率。根据不同的资产范围，营运能力可分为全部资产营运能力，如总资产周转率等；流动资产营运能力，如流动资产周转率和存货周转率等；固定资产营运能力，如固定资产收入率等。

偿债能力是指企业偿还本身所欠债务的能力。根据偿债期长短，偿债能力可分为短期偿债能力，如流动比率、速动比率等；长期偿债能力，如资产负债率、利息保障倍数等。

增长能力是指企业保持持续发展或增长的能力。根据影响增长能力的因素，增长能力可分为销售增长能力，如销售增长率；资本增长能力，如资本积累率及资本增长率；可持续增长能力，如可持续增长比率等。

上述各种能力是企业财务运行效率的体现，而财务运行效率的计算与分析则离不开财务报表。

（五）财务效率与财务结果

企业各项财务效率的高低，最终都将体现在企业的财务结果上，即体现在企业的价值上。企业价值是企业财务效率的综合反映或体现。同时，企业价值的高低正是评价企业财务目标实现程度的根本。

图 1-3，可直观反映从财务目标到财务结果整个企业循环过程的情况。

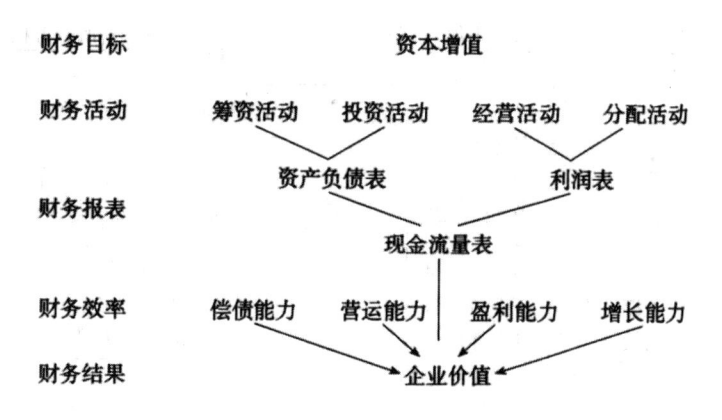

图 1-3 财务目标至财务效果循环

第四节　财务分析的形式

一、财务分析的形式

由于进行财务分析的角度不同，如分析的主体不同、客体不同、目的不同等，财务分析形式也有所不同。明确不同的财务分析形式的特点及用途，对于准确分析企业财务状况，实现分析目标都有着重要的意义和作用。通常，财务分析的形式可从以下几方面进行划分：

（一）内部分析与外部分析

财务分析根据分析主体的不同，可分为内部分析与外部分析：

1. 内部分析

内部分析，亦称内部财务分析，主要指企业内部经营者对企业财务状况的分析。内部分析的目的是判断和评价企业生产经营是否正常、顺利，如通过流动性分析，可检验企业的资金运营速度、货款及债务的支付或偿还能力；通过收益性分析，可评价企业的盈利能力和资本保值、增值能力；通过对企业经营目标完成情况的分析，可考核与评价企业经营业绩，及时、准确地发现企业的成绩与不足，为企业未来生产经营的顺利进行，提高经济效益指明方向。

2. 外部分析

外部分析，亦称外部财务分析，主要指企业外部的投资者、债权人及政府部门等，根据各自需要或分析目的，对企业的有关情况进行的分析。投资者的分析，关心的主要是企业的盈利能力及发展后劲，以及资本的保值与增值状况；债权人的分析，主要看企业的偿债能力和信用情况，判断其本金和利息是否能及时、足额收回；政府有关部门对企业的财务分析，主要是看企业的经营行为是否规范、合法，以及对社会的贡献状况。在现代企业制度条件下，外部财务分析是财务分析的重要或基本形式。

应当指出，内部分析和外部分析并不是完全孤立或隔离的，要保证财务分析的准确性，内部分析有时也应站在外部分析的角度进行，而外部分析也应考虑或参考内部分析的结论，以避免出现片面性。

（二）静态分析与动态分析

财务分析根据分析的方法与目的可分为静态分析和动态分析：

静态分析是根据某一时点或某一时期的会计报表或分析信息，分析报表中各项目或报表之间各项目关系的财务分析形式。例如，可通过某一财务比率，或某几个财务比率揭示财务关系，也可通过垂直分析或结构分析，揭示总体中各项目的水平。静态分析的目的在于找出财务活动的内在联系，揭示其相互影响与作用，反映经济效率和财务现状。

动态分析是根据几个时期的会计报表或相关信息，分析财务变动状况。例如，水平分析、趋势分析等都属于动态分析。动态分析通过对不同时期财务活动的对比分析，揭示财务活动的变动及其规律。

静态分析与动态分析各有优点与不足，要全面综合分析财务报表，这两类分析都是必需的。

（三）全面分析与专题分析

财务分析根据分析的内容与范围的不同，可分为全面分析和专题分析：

1. 全面分析

全面分析是指对企业在一定时期的生产经营各方面的情况进行系统、综合、全面的分析与评价。全面分析的目的是找出企业生产经营中带有普遍性的问题，全面总结企业在这一时期的成绩与问题，为协调各部门关系，搞好下期生产经营安排奠定基础或提供依据。全面分析通常在年终进行，形成综合、全面的财务分析报告，向职工代表大会或股东代表大会汇报。

2. 专题分析

专题分析是指根据分析主体或分析目的的不同，对企业生产经营过程中某一方面的问题所进行的较深入的分析。如经营者对生产经营过程某一环节或某一方面存在的突出问题进行分析，投资者或债权人对自己关心的某个方面的问题进行分析等，都属于专题分析。专题分析能及时、深入地揭示企业在某方面的财务状况，为分析者提供详细的资料信息，对解决企业的关键性问题有重要作用。例如，当企业在某时期资金紧张时，通过财务专题分析，可从筹资结构、资产结构、现金流量及支付能力等方面，研究资金紧张的原因及解决的对策。

在财务分析中，应将全面分析与专题分析相结合，这样才能全面、深入地揭示企业的问题，正确地评价企业的各方面状况。

（四）财务报表分析与内部报表分析

财务分析从分析资料角度划分，可分为财务报表分析和内部报表分析。

1. 财务报表分析

财务报表是财务会计报表的简称。财务报表分析就是指对财务会计报表的分析。财务会计报表是企业依据会计准则和会计制度编制的，向国家有关部门及与企业有关的单位等提供的反映企业财务状况和经营成果等会计信息的总结性文件。由于财务报表具有合法性、客观性、公开性等特点，因此，对财务报表分析，不仅有利于财务分析的规范化、制度化，而且便于企业及有关各方面对企业经营与财务状况进行系统分析。从这个角度看，财务报表分析是财务分析的最基本形式，甚至有人将财务报表分析直接理解为财务分析。财务报表分析根据报表的种类不同又可分为资产负债表分析、利润表分析和现金流量表分析。资产负债表分析可揭示企业的全部资产与权益的结构状况、适应状况、总额变动情况等；利润表分析可揭示企业的收益状况和盈利状况，以及利润分配状况等；现金流量表分析主要揭示企业各项财务活动的现金流入量和现金流出量情况。应当指出，由于财务会计报表之间是相互联系、相互制约的，因此，财务报表分析不能仅对某一报表孤立进行分析，而应将全部财务报表分析结合起来，这样才能得出正确的结论。

2. 内部报表分析

内部报表主要指除财务会计报表之外的其他与企业财务和会计活动有关的报表资料，其中最基本的是管理会计报表。内部报表分析作为财务分析的一种形式或组成部分是必要的。第一，内部报表分析是对财务报表分析的必要补充。例如，利润表分析可说明企业的收益情况和盈利能力，进一步分析也可说明企业盈利增长的一般原因，或是销量增加的影响，或是成本降低的影响，但是为什么企业成本会降低呢？财务报表分析并不能回答这个问题，而内部报表分析则可根据成本报表资料，分析说明成本升降的原因。第二，由于内部报表是根据企业的生产经营特点和管理需要编制的，因此对内部报表的分析更有利于揭示企业经营管理中存在的问题或不足，这对企业的经营者是尤为重要的。

应当指出，随着会计信息披露范围的扩大，许多内部会计报表作为财务报表的附表而被公开披露。因此，在这种情况下，财务报表分析形式与内部报表分析形式也将趋于统一。

二、财务分析的条件与要求

（一）财务分析的条件

明确了财务分析的目的、作用、内容及形式，为进行财务分析奠定了理论基础，然而，要搞好财务分析，充分发挥财务分析的作用，还必须搞清财务分析的前提条件。

1. 统一的财务会计制度

财务分析的基本资料依据是会计核算和报表资料。不同的会计制度，会计核算和报表的方法可能不同，会计账户和报表反映的内容可能不同，等等。这将给财务分析，尤其给外部财务分析带来极大困难。例如，在不同所有制企业会计制度的不同情况下，企业的投资者和债权人不能根据不同性质的企业的会计资料直接进行对比分析，或者说，如果直接进行对比则可能得出错误的结论，这势必限制了财务分析的广泛应用。我国会计准则和财务通则的颁布实行，为进行财务分析创造了十分必要和有利的条件。由于有了统一的会计准则，人们可按照统一的概念基础、程序和手续编制会计报表，而会计报表使用者也有了阅读和分析会计报表的统一尺度。

2. 产权清晰的企业制度

从财务分析的产生、发展、目的、作用看，财务分析之所以如此重要而引起越来越多人的重视，是因为它能服务于企业利益的各个方面。而只有在产权清晰、权责分明的企业制度下，企业各方的权利与义务才得以确认，财务分析的主体才能实现多元化，财务分析的必要性才更加突出。在传统的计划经济体制下，企业投资者、经营者、债权人等之间的关系模糊、产权不清、责任不明，人们不会关心和重视财务分析。而在市场经济条件下，随着现代企业制度的建立，企业产权逐渐清晰起来，投资者、经营者、债权人、宏观经济管理者各站在不同角度关心企业的生产和经营，从而形成财务分析主体的多元化，促进和完善了财务分析的内容与方法。

3. 完善的信息披露体制

企业信息是进行财务分析的基础，没有及时、完备、准确的信息，要保证财务分析的正确性是不可能的。因此，完善信息披露体制是搞好财务分析的重要前提条件。而要做到这一点，企业在会计报表中不仅要按会计准则要求，全面、系统地反映企业的经营和财务状况，而且对会计程序和手续的变动也必须予以充分披露，以便会计报表的使用者能正确分析其对企业财务状况和财务成果的影响。另外，要建立健全信息市场，完善信息网络，使财务分析者能充分、及时地取得各种分析信息。

（二）财务分析的要求

在搞清财务分析条件的基础上，为健全与完善财务分析理论，搞好财务分析实务，必须注意做好以下几点：

1. 创造与完善财务分析条件

前面论述了搞好财务分析的前提条件，这也是进行财务分析的基本要求。要完善和发展财务分析理论与方法，要必须满足这些条件，或采取措施创立与完善这些条件。具体地说，我国目前已经有了统一的会计制度，但是无论是会计准则，还是行业会计制度都需要进一步完善。一些会计资料还不能满足不同分析主体的需要或要求。建立现代企业制度已成为我国目前企业制度改革的重点和方向，这为财务分析开阔了前景。但是要建成现代企业制度，还需要我们不断地探索和奋斗。因此，当前必须注重对现有企业的改制，以建立适应财务分析要求的产权清晰的企业制度。信息披露问题是财务分析条件中最关键的问题，也是财务分析能否积极有效开展起来的主要问题。目前，我国的信息披露体制还不够健全，渠道还不够畅通，这就要求我们在制度上对信息披露的完整性、时效性、准确性做出具体规定，为财务分析提供有用信息。

2.学习与掌握财务分析方法

搞好财务分析，除了必要的外部条件或信息资料，关键还在于分析者的理论与实践水平。一个没有很好掌握财务分析理论和方法的分析者，再好的分析资料或信息，也可能得出错误的分析结论。财务分析是一门新的学科，而且在不断完善和发展之中，因此，不断学习和掌握财务分析理论与方法，是与企业有关的所有单位或个人都需要的，包括投资者、债权人、经营者、宏观管理者等，特别是一些主要决策者和参谋者更应系统学习和掌握财务分析方法。

3.建立与健全财务分析组织

随着现代企业制度的建立，企业的财务分析工作将逐步走上制度化、规范化的道路。这就要求企业必须建立与健全完善的财务分析组织体系，及时、系统、全面地分析企业的经营状况和财务状况。财务分析组织应以财务部门为核心，进行比较全面综合的分析，横向各部门单位，纵向各车间、班组也应进行专题分析。应当指出，企业的财务分析组织并不一定只对本企业的财务状况和经营状况进行分析，在现代企业制度下，企业不仅仅关心自身经营，而且可能作为投资者、债权人与其他企业发生交易和往来，因此，对其他企业财务状况进行分析，也是财务分析组织的一项重要任务。只有建立健全各级分析组织，才能保证财务分析工作顺利、有效进行。

三、财务分析的作用

从财务分析的产生、发展及与其他学科的关系到财务分析的目标，都说明财务分析是十分必要的，尤其在我国建立社会主义市场经济体制和现代企业制度的今天，财务分析的意义更加深远，作用更加重大。财务分析的作用从不同角度看是不同的。从财务分析的服务对象看，财务分析不仅对企业内部的生产经营管理有着重要作用，而且对企业外部投资决策、贷款决策、赊销决策等也有着重要作用。从财务分析的职能作用来看，它对于正确预测、决策、计划、控制、考核、评价都有着重要作用。这里主要从财务分析对评价企业过去、现在及未来的作用加以说明。

（一）财务分析可正确评价企业过去

正确评价企业的过去，是说明现在和揭示未来的基础。财务分析通过对实际会计报表等资料的分析能够准确地说明企业过去的业绩状况，指出企业存在的问题及产生的原因，是主观原因还是客观原因等，这不仅对正确评价企业过去的经营业绩是十分有益的，而且可对企业投资者和债权人的行为产生积极的影响。

（二）财务分析可全面反映企业现状

财务会计报表及管理会计报表等资料是企业各项生产经营活动的综合反映。但会计报表的格式及提供的数据往往是根据会计的特点和管理的一般需要而设计的，它不可能全面提供不同目标报表使用者所需要的各方面数据资料。财务分析，根据不同分析主体的分析目标，采用不同的分析手段和方法，可得出反映企业在某方面现状的指标，如反映企业资产结构的指标、企业权益结构的指标、企业支付能力和偿债能力的指标、企业营运状况的指标、企业盈利能力的指标等。这种分析对于全面反映和评价企业的现状有重要作用。

（三）财务分析可用于估价企业未来

财务分析不仅可用于评价企业的过去和反映企业的现状，更重要的是，它可通过对过去与现状的分析与评价，估价企业的未来发展状况与趋势。财务分析对企业未来的估价：第一，可为企业未来财务预测、财务决策和财务预算指明方向；第二，可准确评估企业的价值及价值创造，这对企业进行经营者绩效评价、资本经营和产权交易都是十分有益的；第三，可为企业进行财务危机预测提供必要信息。

第二章　财务分析信息理论

第一节　财务分析信息的种类

一、财务分析信息的作用与要求

（一）财务分析信息的作用

从财务分析的基本定义和财务分析的基本程序都可看出，财务分析信息是财务分析的基础和不可分割的组成部分。它对于保证财务分析工作的顺利进行、提高财务分析的质量与效果都有着重要的作用。

第一，财务分析信息是财务分析的根本依据。没有财务分析信息，财务分析如"无米之炊"，是不可能进行的。财务分析实际上就是对财务信息的分析，如要分析企业的资产、负债和所有者权益状况，就必须有资产负债表的信息，而要分析企业的盈利状况，则需要有利润表的信息，等等。

第二，搜集和整理财务分析信息是财务分析的重要步骤和方法之一。从一定意义上说，财务分析信息的搜集与整理过程，就是财务分析的过程。财务分析所用的信息并不是取之即来、来之即用的。不同的分析目的和分析要求所需要的信息是不同的，包括信息来源不同、内容不同和形式不同等。因此，财务分析信息的搜集与整理是财务分析的基础环节。

第三，财务分析信息的数量和质量决定着财务分析的质量与效果。正因为财务分析信息是财务分析的基本依据和基础环节，财务分析信息的准确性、完整性、及时性，对提高财务分析的质量和效果是至关重要的。使用错误的、过时的或不规范的财务分析信息，要保证财务分析的准确性是不可能的。

（二）财务分析信息的种类

进行财务分析的信息是多种多样的，不同的分析目的、分析内容所使用的财务信息可能是不同的。因此，从不同角度看，财务分析信息的种类是不同的。

I. 内部信息和外部信息

财务分析信息按信息来源可分为内部信息和外部信息两类。所谓内部信息，是指从企业内部可取得的财务信息；外部信息则是指从企业外部取得的信息。

企业的内部信息主要包括：

(1) 会计信息

会计信息又可分为财务会计信息和管理会计信息。财务会计信息主要指财务报告，包括资产负债表、利润表、所有者权益变动表及现金流量表等国家财务会计制度规定企业编制的各种报表以及有关附表等；管理会计信息主要包括责任会计核算信息、决策会计信息等。

(2) 统计与业务信息

统计信息主要指各种统计报表和企业内部统计信息。业务信息则指与各部门经营业务及技术状况有关的核算与报表信息。总之，统计与业务信息包括了企业除会计信息之外其他反映企业实际财务状况或经营状况的信息。

(3) 计划及预算信息

计划及预算信息是企业管理的目标或标准，包括企业的生产计划、经营计划、财务计划、财务预算，以及各种消耗定额、储备定额、资金定额等。

企业的外部信息主要包括：

(1) 国家经济政策与法规信息

国家的宏观经济信息主要指与企业财务活动密切相关的信息，如物价上涨率或通货膨胀率、银行利息率、各种税率等；有关法规包括会计法、税法、会计准则、审计准则、会计制度等。

(2) 综合部门发布的信息

综合部门发布的信息包括国家统计局定期公布的统计报告和统计分析；国家经贸委的经济形势分析；国家发改委的国民经济计划及有关部门的经济形势预测；各证券市场和资金市场的有关股价、债券利息等方面的信息等。

(3) 政府监管部门的信息

政府监管部门的信息指企业或公司的直接或者间接主管部门提供的信息。就来源而言，这些信息与"国家经济政策与法规信息"和"综合部门发布的信息"极为相似，都来自政府部门或者准政府部门性质的机构。但是，政府监管部门的信息更能反映政府作为经济管理者所发挥的作用，披露的信息通常与具体的企业密切相关。

(4) 中介机构的信息

中介机构的信息指会计师事务所、资产评估事务所等提供的企业资产评估报告和审计报告等。

(5) 报纸杂志的信息

报纸杂志的信息指各种经济著作、报纸及杂志的科研成果、调查报告、经济分析中所提供的与企业财务分析有关的信息。

(6) 企业间交换的信息

企业间交换的信息指企业与同行业其他企业或有业务往来的企业间相互交换的报表及

业务信息等。

(7) 国外有关信息

国外有关信息指从国外取得的各种经济信息。信息取得的渠道有出国考察访问、购买国外经济信息报纸杂志、国际会议交流等。

2. 定期信息和不定期信息

财务分析信息根据取得的时间的确定性程度可分为定期信息和不定期信息。定期信息是指企业经常需要，可定期取得的信息；不定期信息则是根据临时需要搜集的信息。

定期信息主要包括：

(1) 会计信息

会计信息，尤其是财务会计信息是以会计制度规定的时间，按月度和年度核算和编报的，企业财务分析中可定期取得的信息。

(2) 统计信息

企业的统计月报、季报和年报信息也是财务分析的定期信息之一。

(3) 综合经济部门的信息

综合经济部门的信息有的按月公布，有的按季公布，有的按年公布，也有一些市场信息是按日或按旬公布。

(4) 中介机构信息

定期财务分析信息为企业定期财务分析提供了可能、奠定了基础。

不定期信息主要包括：

(1) 宏观经济政策信息；

(2) 企业间不定期交换的信息；

(3) 国外经济信息；

(4) 主要报纸杂志信息等。

不定期的经济信息，有的是因为信息不能定期提供形成的，有的是因为企业不定期分析需要形成的。企业在财务分析中应注重定期信息的搜集与整理，同时也应及时搜集不定期信息。

3. 财务分析信息

财务分析信息根据实际发生与否可分为实际信息和标准信息。实际信息是指反映各项经济指标实际完成情况的信息；标准信息是指用于作为评价标准而搜集与整理的信息，如预算信息、行业信息等。

财务分析通常是以实际信息为基础进行的，但标准信息对于评价企业财务状总也是不可缺少的。

财务分析信息根据是否直接反映企业的经营成果、财务状况和现金流量可分为财务信息和非财务信息。通常而言，财务信息是指以数字方式反映企业的经营成果、财务状况和现金流量的信息；非财务信息是以非数字方式反映企业组织结构、内部治理、战略目标和未来发展计划等方面情况的信息。

企业的财务信息主要包括：
(1) 资产负债表信息；
(2) 利润表信息；
(3) 所有者权益变动表信息；
(4) 现金流量表信息；
(5) 报表附注信息。

企业的非财务信息主要包括：
(1) 股权结构信息；
(2) 董事会构成信息；
(3) 内部控制信息；
(4) 战略目标信息；
(5) 行业信息；
(6) 生产技术信息等。

在财务分析过程中，财务信息和非财务信息都是非常重要的信息来源。财务信息提供量化的数据，反映企业财务活动的过程和结果，是财务分析主要的分析对象和信息来源；非财务信息提供有关企业的组织结构设置和行业背景情况等方面的信息，是财务信息必要和有益的补充。在财务分析过程中，需要将非财务信息和财务信息相结合。比如，在分析企业的经营业绩时，必然要先考虑企业所处行业的特点、企业所采用的生产技术以及企业发展战略目标等方面的非财务信息，在此基础上，对企业利润表的财务信息进行分析，才能得到企业经营情况的分析结论。

值得注意的是，各种不同的财务分析信息分类标准之间存在着交叉。某一特定的财务分析信息，参照不同的划分标准，可能归属于不同的类别。比如，企业的预算信息，既属于内部信息和标准信息，同时也是财务信息。

二、财务分析评价标准信息

确立财务分析评价标准是财务分析的一项重要内容。不同的财务分析评价标准，针对同一分析对象会得出不同的分析结论。正确确定或选择财务分析评价标准，对于发现问题、找出差距、正确评价有着十分重要的意义与作用。通常，财务分析评价标准包括经验标准、历史标准、行业标准、预算标准等。

（一）经验标准

经验标准是在财务比率分析中经常采用的一种标准。所谓经验标准，是指这个标准的形成依据大量的实践经验的检验。例如，流动比率的经验标准为2∶1；速动比率的经验标准是1∶1等。还有，当流动负债对有形净资产的比率超过80%时，企业就会出现经营困难，存货对净营运资本的比率不应超过80%等，都是经验之谈或经验标准。也有人将这种经验标准称为绝对标准，认为它们是人们公认的标准，不论什么公司、什么行业、什么时间、什么环境，它都是适用的。但是，实际上，经验标准只针对一般情况而言，因而缺乏普遍的适用性，并不是适用一切领域或一切情况的绝对标准。例如，假设一个公司的流动比率大于 2∶1，但其信用政策较差，存在大量应收账款和许多积压物资与产品；另一公司的流动比率可能低于 2∶1，但在应收账款、存货及现金管理方面非常成功。这时并不能根据经验标准认为前一公司的流动性或偿债能力好于后一公司。另外，受行业因素和企业发展阶段的影响，相同比率在不同行业和不同企业的发展阶段也存在较大差异。因此，人们在应用经验标准时，必须非常仔细，不能生搬硬套。

（二）行业标准

行业标准是财务分析中广泛采用的标准，它是按行业制定的，以反映行业财务状况和经营状况的基本水平。行业标准也可指同行业某一比较先进的企业的业绩水平。企业在财务分析中运用行业标准，可说明企业在行业中所处的地位与水平。假设行业的投资收益率标准为 10%，如果企业的投资收益率为 8%，就是投资者所不能接受的。行业标准还可用于判断企业的变动趋势。假如在一个经济萧条时期，企业的利润率从 12% 下降为 9%，而同行业其他企业的利润率则从 12% 下降为 6%，这时则可认为企业的盈利状况是相当好的。

应当指出，运用行业标准有三个限制条件：第一，同行业内的两家公司并不一定是可比的。例如，同是石油行业的两家企业，一家可能从市场购买原油生产石油产品，另一家则集开采、生产、提炼和销售石油产品于一体，这两个公司的经营就是不可比的。第二，一些大的公司现在往往跨行业经营，公司的不同经营业务可能有着不同的盈利水平和风险程度，这时用行业统一标准进行评价显然是不合适的。解决这一问题的方法是将公司不同经营业务的收入、收益、资产、费用等分项报告。第三，应用行业标准还受企业采用的会计方法的限制，同行业企业如果采用不同的会计方法，也会影响评价的准确性。例如，库存材料发出的计价方法不同，不仅可能影响存货的价值，而且可能影响成本的水平。因此，在采用行业标准时，也要注意这些限制。

（三）预算标准

预算标准是指企业根据自身经营条件或经营状况所制定的目标标准。预算标准通常在一些新的行业、新建企业以及垄断性企业应用较多。对于其他行业和企业，运用预算标准其实也是有益的，因为预算标准可将行业标准与企业历史标准相结合，比较全面地反映企业的状况，尤其对于企业内部财务分析，预算标准更具有优越性，可考核、评价企业各级、各部门经营者的经营业绩，以及对企业总体目标实现的影响。但是，预算标准对于外部财务分析的作用不明显。另外，预算标准的确定也受人为因素影响，缺乏客观依据。

可见，各种财务分析评价标准都有其优点与不足。在财务分析中不应孤立地选用某一种标准，而应综合应用各种标准，从不同角度对企业经营状况和财务状况进行评价，这样才有利于得出正确结论。

第二节 年度报告的内涵与作用

一、年度报告的作用

年度报告是公司以年度为时间单位,定期、按时对外提供的财务报告和其他经营成果、财务状况和现金流量信息的报告。根据我国《证券法》和《公司法》的规定,所有公开上市交易的公司必须按时编制并披露年度报告。年度报告与财务报告并不相同,财务报告是年度报告的重要组成部分,但是年度报告的内容并不局限于财务报告。

从信息的类型来看,年度报告的内容包括财务信息和非财务信息两部分。年度报告在财务分析中的作用,主要表现在以下三个方面:

第一,介绍公司行业情况和内部治理机制等背景资料。对公司进行财务分析,离不开对公司所处行业和内部治理结构的了解。虽然这些非财务信息不能直接反映经营成果和财务状况,但是能提供对企业进行深入分析的必要信息。不同行业间的盈利能力水平和资产营运效率存在着差异,若不了解公司的行业背景难以对财务效率进行正确的分析;相同的财务行为或者经营活动,具有不同的经济含义;缺少对公司股权结构和公司治理结构的了解,则难以进行科学的财务分析。

第二,披露公司的经营成果和财务状况。作为年度报告的重要组成部分,财务报告提供了企业经营成果和财务状况的详细的量化信息。在董事会报告中,董事会对报告期公司的经营成果进行详细的分析,并提供更为精确的信息。此外,年度报告还披露公司关联方交易的交易方、交易原则、交易价格等信息。这些信息分别从不同方面和不同角度,披露公司的经营成果和财务状况。

第三,提供公司未来的经营计划。在年度报告中,公司管理层会分析公司所处行业的发展趋势及公司面临的市场竞争格局,向投资者提示管理层所关注的公司未来的发展机遇和挑战,披露公司发展战略,以及拟开展的新业务、拟开发的新产品和拟投资的新项目等。同时,公司会披露新年度的经营计划,包括收入、费用、成本计划及新年度的经营目标,如销售额的提升、市场份额的扩大、成本的升降和研发计划,以及为达到上述经营目标拟采取的策略和行动等。这些信息对于预测公司未来的经营业绩和财务状况都有重要作用。

二、财务报告的内涵与种类

财务报告是企业对外提供的反映企业某一特定日期的财务状况和某一会计期间的经营成果、现金流量等会计信息的文件。财务报告包括财务报表和其他应当在财务报告中披露的相关信息和资料。财务报表具体由会计报表本身及其附注两部分构成,而会计报表仅指报表本身不包括附注。财务报表是企业财务会计确认与计量的最终结果体现，投资者等相关使用者主要是通过财务报表来了解企业当前的财务状况、经营成果和现金流量等情况，从而预测未来的发展趋势。因此，财务报表是向投资者等财务报告使用者提供决策有用信息的主要媒介和渠道，是沟通投资者、债权人、政府及其他利益相关者等与企业管理层之间信息的桥梁和纽带。

以财务报表为核心的财务报告体系可以从不同的侧面提供反映企业财务状况、经营业绩和现金流量等方面较为完整的信息。在经济全球化背景下，高质量的财务报表，能产生多样化信息，为投资人、债权人和其他利益相关者做出合理的决策具有重要的意义和价值。

企业的所有者和投资者、债权者、经营者，以及政府管理部门和社会监督部门的工作人员等，要与企业发生投资、借贷、交易、管理、监督等活动，这都需要依据财务报告信息对企业状况进行分析。因此，了解财务报告结构、内容及可提供的信息，是每个分析者所必需的。而要了解财务报告的内容，明确财务报告的作用，首先应掌握财务报表的种类。企业财务报表按照不同的划分标准或从不同的角度划分，可分为以下几类：

第一，按会计报表反映的经济内容可分为资产负债表、利润表、所有者权益变动表和现金流量表。

（1）资产负债表主要是反映企业在一定时期的资产、负债和所有者权益状况的会计报表：

（2）利润表主要是反映企业在某一时期内经营成果的会计报表。

（3）所有者权益变动表主要是反映构成所有者权益的各组成部分当期的增减变动情况的会计报表。

（4）现金流量表主要是反映企业在某一时期内现金取得、流出以及流向状况的会计报表。

了解财务报表的经济内容，对于准确搜集与整理分析信息、实现分析目的是十分有益的。

第二，按会计报表编制范围可分为企业会计报表和合并会计报表。

财务报表按编制单位的特点可分为单位报表和合并报表两种：

（1）企业会计报表或单位报表，是指独立法人企业编制的反映本单位情况的财务报表。

（2）合并会计报表是指反映母公司和其全部子公司形成的企业集团整体财务状况、经营成果和现金流量的财务报表。

了解和掌握单位报表和合并报表的内容和特点，对于分析不同类型的企业财务状况是有益的。如果对一个母公司及其子公司进行分析，而不明确合并报表的基本内容和特点，那么是很难得出正确结论的。

第三，按会计报表的使用对象可分为对外会计报表和对内会计报表：

（1）对外会计报表是指根据国家有关法规，企业定期向其利益关系人（如投资者、债权人、政府部门等）报送的会计报表，如资产负债表、利润表、所有者权益变动表、现金流量表及相关附表等。

（2）对内会计报表，亦称管理报表，是根据内部经营管理的需要，企业自行设计与填制的会计报表，如成本费用报表、责任会计报表等。

第四，按会计报表的编制时期可分为年度报表、季度报表和月度报表。

三、财务报告的作用

财务报告的目标就是向信息使用者提供对决策有用的信息，因此其作用是有利于财务报告信息使用者进行经济决策。财务报告的使用者很多，如图2-1所示，除了包括股东、借款人之外，也包括了政府、社区代表、供应商等，而在美国财务会计公告第8号概念公告中，主要信息使用者被界定为现在的和潜在的投资者、贷款人和其他债权人。

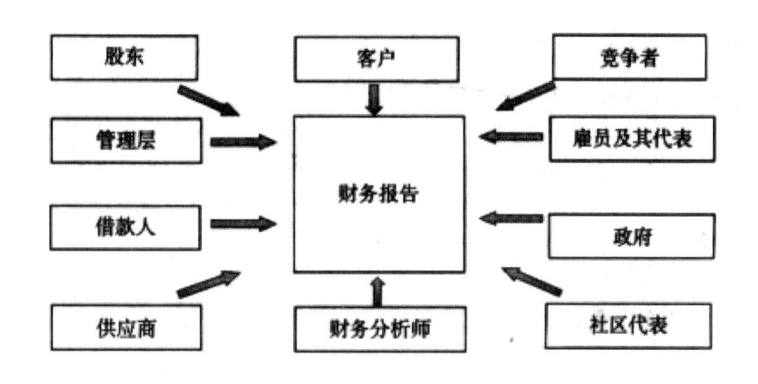

图 2-1 财务报告的信息使用者

第三节 会计报表与报表附注

一、资产负债表

（一）基本结构与内容

资产负债表是反映企业在某一时点财务状况的会计报表。它是根据"资产 = 负债 + 所有者权益"的会计等式，依照一定的分类标准和一定的次序，对企业一定日期的资产、负债和所有者权益项目予以适当安排，按一定的要求编制而成的。

（二）资产项目的构成及作用

资产是企业拥有或者控制的能以货币计量的经济资源，包括企业的各种财产、债权和其他权利。资产按其流动性状况，一般分为流动资产和非流动资产。其中，非流动资产主要包括长期投资、固定资产、无形资产、递延资产和其他资产等。各类资产的特点和组成项目是不同的，在企业生产经营中的作用也是不同的。资产负债表中的资产项目按上述分类，为财务分析提供了丰富的信息，并对财务分析起到了重要作用。

第一，提供了企业变现能力的信息。一般来说，流动资产的变现能力较强，而非流动资产的变现能力则较差。另外，在流动资产中，还可提供速动资产的信息。这些无论是对债权人还是对经营者、投资者都是有用的。

第二，提供了企业资产结构的信息。这有利于反映企业的经营状况和资源配置与使用的合理性程度，如有形资产与无形资产的结构合理性、流动资产与固定资产的结构合理性等。

第三，提供了反映企业资产管理水平的信息。如资产负债表中应收账款等项目的状况，可在一定程度上反映企业应收账款管理的水平。

第四，提供了反映企业价值的信息。企业价值等于企业各项资产价值之和，因此资产负债表提供的各项资产的价值信息，有助于分析企业价值。虽然现行权责发生制的会计体系仍然以历史成本作为主要的计量属性，但是随着公允价值的引入，资产项目的账面价值与市场价值的关系更加密切，为确定企业价值提供了相关信息。

（三）负债项目的构成及作用

负债是企业所承担的能以货币计量、将以资产或劳务偿付的债务。它是企业资金来源的重要组成部分。负债的基本特点是：第一，它将在未来时期付出企业的经济资源或经济利益；第二，它必须是过去的交易和事项所发生的，其债务责任能够以货币确切地计量或者合理地估计。资产负债表中的负债项目是按到期日的远近顺序排列的，即流动负债在前，非流动负债在后。资产负债表将负债分为流动负债和非流动负债，为财务分析提供了以下有用信息：

第一，提供了反映企业总体债务水平的信息。企业的负债特点说明，负债要按期偿还，除结算等原因外，大部分负债要按固定利率支付利息。因此，企业的负债水平问题是关系到企业经营战略、经营状况和效果的一个重要问题。企业债务规模的大小，反映了其风险的大小，而且这种风险对于企业的债权者、投资者和经营者都是存在的。

第二，提供了反映企业债务结构的信息。由于负债分为流动负债和非流动负债两类，而两类负债的特点又不同，因此为研究短期债务结构和长期债务结构提供了方便。企业经营者通过合理调整负债结构，一方面保证正常经营的资金需要，另一方面降低资金成本，提高经济效益。而对企业的债权人来说，通过对债务结构的分析，可判断企业的偿债能力，特别是可分清企业的短期偿债能力和长期偿债能力。

（四）所有者权益项目的构成及作用

所有者权益是指企业投资者对企业净资产的所有权，它是企业资金来源的主要部分。所有者权益包括实收资本、资本公积、盈余公积和未分配利润四大项目。资产负债表中的所有者权益项目是按权益的永久程度高低排列的，永久程度高的在前，低的在后，它们依次是：实收资本、资本公积、盈余公积和未分配利润。资产负债表对所有者权益项目的划分，为财务分析提供了如下信息：

第一，提供了反映企业所有者权益内部结构的信息。所有者权益内部结构反映了企业自有资金的来源构成，这个结构的合理性对于企业投资者或所有者的利益有着重要影响。

第二，提供了企业收益分配情况的信息。企业收益的分配主要指利润的分配，其程序和方法应遵循国家的有关规定。盈余公积和未分配利润等项目的变动可反映出利润分配的状况。这些不仅是投资者所关心的，政府的管理、监督部门也对其感兴趣。

除上述资产、负债、所有者权益项目各自提供的分析信息外，将三者结合起来，还可综合提供以下信息：

第一，提供分析企业偿债能力的信息。分析企业偿债能力实际上是将企业的债务状况与相应的资产保证相比较。资产负债表完整地提供了这方面的信息，包括短期偿债能力分析的信息和长期偿债能力分析的信息。

第二，提供分析企业权益结构的信息。所谓权益，是指负债与所有者权益的统称，权益结构就是指负债和所有者权益在总资产或在权益中的比重，它对于研究企业的财务风险以及长期偿债能力都是有益的。

二、利润表

（一）利润表的基本结构与内容

利润表是反映企业在一定期间（如年度、月度或季度）内生产经营成果（盈利或亏损）的会计报表。利润表是一种动态报表，它一方面利用企业一定时期的收入、成本费用及税金数据，确定企业的利润；另一方面按照有关规定将实现的利润在有关当事者之间进行分配。

利润表有两种格式：一是单步式利润表；二是多步式利润表。

第一，单步式利润表。单步式利润表的基本特点是将本期发生的所有收入汇集在一起，将所有的成本费用汇集在一起，然后将总收入减去总成本费用得出本期利润。单步式利润表能清晰地反映出企业在一定时期的总收入、总成本费用和利润额，编制方便，钩稽关系清楚，即总收入－成本费用＝利润额。但是，它没有准确反映利润形成的过程及各种收入与相应成本费用之间的关系，没能为深入分析提供更多的信息。

第二，多步式利润表。多步式利润表与单步式利润表不同，它的特点是按利润形成的几个环节，分步骤地将有关收入与成本费用相减，从而得出各步骤的利润额。多步式利润表是我国会计制度规定的报表。

（二）利润表的信息作用

利润表的格式内容及基本勾稽关系，为财务分析提供了有用的信息。从财务分析的不同角度看，利润表可提供的信息及其作用主要有以下几点：

第一，提供了反映企业财务成果的信息。企业的财务成果，即企业实现的利润，是企业经营的根本目标所在，是企业经营者、投资者以及长期债权者都十分关心的信息。利润表系统明确地提供了企业不同业务的财务成果信息，对于分析评价各方面的经营业绩，以及与同类企业的同类业务对比，都是有益的。

第二，提供了反映企业盈利能力的信息。企业盈利能力是企业投资者和经营者都非常关心的问题。它不仅可用于评价企业的经营业绩，而且是投资者、经营者进行决策的重要依据。盈利能力通常体现了财务成果和与其相关的一些指标之间的比率关系，如财务成果与收入的比率关系，财务成果与成本费用的比率关系，等等。利润表不仅提供了财务成果的信息，也提供了盈利能力分析所需要的收入信息和成本费用信息，这对于评价企业盈利能力是十分重要的。另外，其他反映盈利能力的指标的计算，也离不开利润表提供的数据。

第三，提供了反映企业营业收入、成本费用状况的信息。企业营业收入和成本费用状况是企业生产经营状况的直接和具体体现，因此，对营业收入的分析往往成为经营分析中的重点。通过营业收入和成本费用分析，可找出企业生产经营过程中存在的问题和不足，这对于评价企业业绩、规划企业未来都是有重要作用的。

第四，提供了企业经营业绩结构的信息。在利润表中，经营业绩的来源被划分为经常性的营业利润和非经常性的营业外收支；营业利润中又分为营业收入、投资收益和公允价值变动三项。比较不同业绩之间的差异，能够提供经营业绩的结构，为分析企业经营业绩的质量和未来的持续性提供必要的信息。

三、所有者权益变动表

所有者权益变动表是反映企业在一定期间（如年度、季度或月度）内，所有者权益的各组成部分当期增减变动情况的报表。在所有者权益变动表中，净利润、其他综合收益，以及由所有者的资本交易导致的所有者权益的变动分别列示。

1. 所有者权益变动的原因

在所有者权益变动表中，导致所有者权益变动的原因按照"净利润""其他综合收益"以及"与所有者的资本交易"等不同类别分别进行列示。这种列示方法，提供不同活动对所有者权益变动产生的影响，能够清晰明确地反映引发所有者权益变动的原因。

2. 列示所有者权益内部结构的变动

在所有者权益变动表中，除了提供不同原因对所有者权益产生的影响之外，还列示所有者权益内部结构变动。资本公积或盈余公积转增资本，盈余公积弥补亏损等造成所有者权益内部结构变动的因素都分别列示，从而为了解所有者权益的内部结构变动提供了信息。

3. 为利润表和资产负债表提供辅助信息

所有者权益变动表中的"其他综合收益"以及"利润分配"与利润表之间存在较强的关联性。"其他综合收益"与利润表中的"其他综合收益"相辅相成，共同反映了公允价值变动对企业产生的影响。"利润分配"则提供了企业利润分配的去向和数量，为利润表提供辅助信息。所有者权益变动表中提供的所有者结构变动信息与资产负债表中所有者权益部分相辅相成，提供了所有者权益变动的详细信息。

4. 提供企业全面收益的信息

从企业所有者的角度来看，所有者权益的变动反映了其在公司中所拥有财务情况的变动。若不考虑增资、发放股利以及内部的结转，影响所有者权益变动的主要因素是经营活动的收益和直接计入股东权益的利得和损失，两者之和被视为企业的全面收益。全面收益不但反映了企业的经营情况，还反映了公允价值变动对企业所有者财富状况产生的影响，能为所有者提供更为全面的投资决策信息。

四、现金流量表

（一）基本结构与内容

现金流量表实际上是资金变动表的一种形式。资金表或资金来源与运用表，是根据企业一定时期内各种资产和权益项目的增减变化，来分析、反映资金的取得来源和资金的流出用途，说明财务动态的会计报表，或者是反映企业资金流转状况的报表。资金来源与运用表根据其编制基础不同，有五种编制方式。以现金为基础编制的资金表实际上就是现金流量表，用现金的来源、运用、增加、减少来说明企业财务状况的变动。表中的现金不仅是指会计上的现金，而且包括银行存款和其他现金等价物。

（二）现金流量表的信息作用

现金流量表提供了反映企业财务变动情况的详细信息，为分析、研究企业的资金来源与资金运用情况提供了依据。它提供的信息及其作用主要表现在以下几个方面：

第一，提供了企业资金（特别是现金，下同）来源与运用的信息。这对于分析企业资金来源与运用的合理性、判断企业的营运状况和效果、评价企业的经营业绩都是非常有益的。

第二，提供了企业现金增减变动原因的信息，特别是通过对经营现金流量、投资现金流量和筹资现金流量的揭示，可以搞清企业现金增减变动的具体原因，不仅可以明确企业当期现金增减的合理性，而且可为改善企业资金管理指明方向。

第三，提供了资产负债表和利润表分析所需要的信息。分析资产负债表的资产、负债和所有者权益的状况与变动，以及分析利润表中的利润形成与分配的状况与变动，仅从两表自身分析有时是不够的，或者是难以说清的。其实，资产、负债、所有者权益、收入、成本、利润都是互相联系的，但将它们分列在两个表中反映，割裂了它们之间的联系。现金流量表提供的信息，将资产负债表与利润表衔接起来，说明了利润形成与分配同资金来源与运用的关系，这对于分析、研究企业总体经营与财务状况有着重要意义与作用。

第四节　审计报告与内部控制信息

一、审计报告意见

注册会计师审计报告是进行财务分析的重要信息。有人将审阅注册会计师审计报告作为财务分析的首要步骤,其足以说明审计报告的重要性。审计报告可向财务分析师提供有关财务报告是否公正表述的独立性、权威性意见。

注册会计师在审计报告中对所审计的财务报告可提出以下五种意见中的一种:
(1) 标准无保留意见。
(2) 带强调事项段的无保留意见。
(3) 保留意见。
(4) 否定意见。
(5) 无法表示意见。

在上述五种意见中,第一种属于标准审计报告;后四种属于非标准审计报告,其中保留意见、否定意见和无法表示意见又被称为非无保留意见。注册会计师在审计报告中如果提出后四种意见,必须做出必要的说明。

二、内部控制信息

内部控制是由企业董事会、监事会、经理层和全体员工实施的、旨在实现控制目标的过程。内部控制的目标是合理保证企业经营管理合法合规、资产安全、财务报告及相关信息真实完整,提高经营效率和效果,促进企业实现发展战略。内部控制涉及公司的组织结构、业务环节和信息系统等方面,也是重要的财务分析信息来源。

(一) 内部控制的内容

企业建立与实施有效的内部控制,应当包括五个要素:

1. 内部环境

内部环境是企业实施内部控制的基础,一般包括治理结构、机构设置及权责分配、内部审计、人力资源政策、企业文化等。

2. 风险评估

风险评估是企业及时识别、系统分析经营活动中与实现内部控制目标相关的风险,合理确定风险应对策略。

3. 控制活动

控制活动是企业根据风险评估结果，采用相应的控制措施，将风险控制在可承受范围之内。

4. 信息与沟通

信息与沟通是企业及时、准确地收集、传递与内部控制相关的信息，确保信息在企业内部、企业与外部之间进行有效沟通。

5. 内部监督

内部监督是企业对内部控制建立与实施情况进行监督检查，评价内部控制的有效性，发现内部控制缺陷，并及时加以改进。

（二）内部控制评价报告

为了评价内部控制设计和执行的有效性，企业应当由董事会或者类似机构围绕内部环境、风险评估、控制活动、信息与沟通和内部监督等要素，对内部控制设计和运行情况的有效性进行全面评价。

1. 内部控制评价报告

内部控制评价需要对内部控制确认加以确定，并按其影响程度分为重大缺陷、重要缺陷和一般缺陷。重大缺陷，是指一个或多个控制缺陷的组合，可能导致企业严重偏离控制目标。重要缺陷，是指一个或多个控制缺陷的组合，其严重程度和经济后果低于重大缺陷，但仍有可能导致企业偏离控制目标。一般缺陷，是指除重大缺陷、重要缺陷之外的其他缺陷。重大缺陷、重要缺陷和一般缺陷的具体认定标准，由企业根据上述要求自行确定。

企业内部控制评价部门应当编制内部控制缺陷认定汇总表，结合日常监督和专项监督发现的内部控制缺陷及其持续改进情况，对内部控制缺陷及其成因、表现形式和影响程度进行综合分析和全面复核，提出认定意见，并以适当的形式向董事会、监事会或者经理层报告。重大缺陷应当由董事会予以最终认定。企业对于认定的重大缺陷，应当及时采取应对策略，切实将风险控制在可承受范围之内，并追究有关部门或相关人员的责任。

在完成内部控制评价之后，企业应当编制内部控制评价报告。内部控制评价报告至少应当披露下列内容：①董事会对内部控制报告真实性的声明；②内部控制评价工作的总体情况；③内部控制评价的依据；④内部控制评价的范围；⑤内部控制评价的程序和方法；⑥内部控制缺陷及其认定情况；⑦内部控制缺陷的整改情况及重大缺陷拟采取的整改措施；⑧内部控制有效性的结论。

2. 内部控制信息披露

上市公司在完成内部控制评价后，应当编制内部控制自我评价报告，并应在年度报告披露的同时，披露年度内部控制自我评估报告，同时披露会计师事务所对内部控制自我评估报告的核实评价意见。

第三章　财务分析程序与方法

第一节　财务分析程序

财务分析的程序，亦称财务分析的一般方法，是指进行财务分析所应遵循的一般规程。研究财务分析程序是进行财务分析的基础与关键，它为开展财务分析工作、掌握财务分析技术指明了方向。

综观现有的多种财务分析程序，它们有其相同点，即在搜集财务分析信息、分析财务信息、得出财务分析结论等步骤上是基本一致的，区别主要体现在具体分析环节或细节上。结合中外财务分析步骤与特点，考虑我国财务分析的需求与供给，我们将财务分析的程序与步骤归纳为四个阶段十个步骤。

一、财务分析的信息搜集整理阶段

财务分析信息搜集整理阶段主要由以下三个步骤组成：

（一）明确财务分析目的

进行财务分析，首先必须明确为什么要进行财务分析，是要评价企业经营业绩，进行投资决策，还是要制定未来经营策略。只有明确了财务分析的目的，才能正确地搜集整理信息，选择正确的分析方法，从而得出正确的结论。

（二）制订财务分析计划

在明确财务分析目的的基础上，应制订财务分析的计划，包括财务分析的人员组成及分工、时间进度安排，财务分析内容及拟采用的分析方法，等等。财务分析计划是财务分析顺利进行的保证。当然，这个计划并不一定形成文件，可能只是一个草案，也可能是口头的，但没有这个计划是不行的。

（三）收集整理财务分析信息

财务分析信息是财务分析的基础，信息收集整理的及时性、完整性、准确性，对分析的正确性有着直接的影响。信息的收集整理应根据分析的目的和计划进行，但这并不是说不需要经常性、一般性的信息搜集与整理。其实，只有平时日积月累，才能根据不同的分析目的及时提供所需信息。

二、财务分析的战略分析与会计分析阶段

战略分析与会计分析是财务效率分析的基础，该阶段主要由以下两个步骤组成：

（一）企业战略分析

企业战略分析通过对企业所在行业或企业拟进入行业的分析，明确企业自身地位及应采取的竞争战略。企业战略分析通常包括行业分析和企业竞争策略分析。行业分析的目的在于分析行业的盈利水平与盈利潜力，因为不同行业的盈利能力和潜力大小是不同的。影响行业盈利能力的因素有许多，归纳起来主要可分为两类：一是行业的竞争程度，二是市场谈判或议价能力。企业战略分析的关键在于企业如何根据行业分析的结果，正确选择企业的竞争策略，使企业保持持久竞争优势和高盈利能力。企业进行竞争的策略有许许多多，最重要的有两种，即低成本竞争策略和产品差异竞争策略。

企业战略分析是会计分析和财务效率分析的导向，通过企业战略分析，分析人员能深入了解企业的经济状况和经济环境，从而能进行客观、正确的会计分析与财务效率分析。

（二）财务报表会计分析

会计分析的目的在于评价企业会计所反映的财务状况与经营成果的真实程度。会计分析的作用，一方面通过对会计政策、会计方法、会计披露的评价，揭示会计信息的质量；另一方面通过对会计政策、会计估计变更的调整，修正会计数据，为财务效率分析奠定基础，并保证财务分析结论的可靠性。会计分析一般可按以下步骤进行：①阅读会计报告；②比较会计报表；③解释会计报表；④修正会计报表信息。

前面提到，会计分析是财务效率分析的基础。通过会计分析，对发现的由于会计原则、会计政策等原因引起的会计信息差异，应通过一定的方式加以说明或调整，消除会计信息的失真问题。

三、财务分析的实施阶段

财务分析的实施阶段是在战略分析与会计分析的基础上进行的，它是为实现财务分析目的，进行财务指标计算与分析的阶段。该阶段主要包括以下两个步骤：

（一）财务指标分析

财务指标分析，特别是财务比率指标分析，是财务分析的一种重要方法或形式。财务指标能准确地反映某方面的财务状况。进行财务分析，应根据分析的目的和要求选择正确的分析指标。债权人要进行企业偿债能力分析，必须选择反映偿债能力的指标或反映流动性情况的指标，如流动比率指标、速动比率指标、资产负债率指标等；而一个潜在投资者要进行企业投资的决策分析，则应选择反映企业盈利能力的指标，如总资产报酬率、资本

收益率，以及股利报偿率和股利发放率等。正确选择与计算财务指标是正确判断与评价企业财务状况的关键所在。

（二）基本因素分析

财务分析不仅要解释现象，而且应分析原因。因素分析法就是要在报表整体分析和财务指标分析的基础上，对一些主要指标的完成情况，从其影响因素角度，进行深入定量分析，确定各因素对其影响的方向和程度，为企业正确进行财务评价提供最基本的依据。

四、财务分析的综合评价阶段

财务分析的综合评价阶段是财务分析实施阶段的继续，它根据不同的财务分析目标，形成财务分析最终结论，该阶段具体又可分为三个步骤：

（一）财务综合分析与评价

财务综合分析与评价是在应用各种财务分析方法进行分析的基础上，将定量分析结果、定性分析判断及实际调查情况结合起来，以得出财务分析结论的过程。财务分析结论是财务分析的关键步骤，结论的正确与否是判断财务分析质量的唯一标准。一个正确分析结论的得出，往往需要经过几次反复。

（二）财务预测与价值评估

财务分析既是一个财务管理循环的结束，又是另一个财务管理循环的开始。应用历史或现实财务分析结果预测未来财务状况与企业价值，是现代财务分析的重要任务之一。因此，财务分析不能仅满足于事后分析原因，得出结论，更要对企业未来发展及价值状况进行分析与评价。

（三）财务分析报告

财务分析报告是财务分析的最后一步。它将财务分析的基本问题、财务分析结论，以及针对问题提出的措施、建议以书面的形式表示出来，为财务分析主体及财务分析报告的其他受益者提供决策依据。财务分析报告是对财务分析工作的总结，还可作为历史信息，供后来的财务分析者参考，以保证财务分析的连续性。

第二节 财务分析方法

一、企业战略分析

(一)企业战略分析的内涵与作用

在明确财务分析目的、搜集整理财务分析信息的基础上,企业战略分析成为财务分析的新起点。所谓企业战略分析,其实质在于通过对企业所在行业或企业拟进入行业的分析,明确企业自身地位及应采取的竞争战略,以权衡收益与风险,了解与掌握企业的发展潜力,特别是在企业价值创造或盈利方面的潜力。因此,企业战略分析通常包括行业分析和企业竞争策略分析。企业战略分析是会计分析和财务效率分析的导向,通过企业战略分析,分析人员能深入了解企业的经济状况和经济环境,从而能进行客观、正确的会计分析与财务分析。

(二)企业战略分析的基础

进行企业战略分析,第一要明确企业战略制定的程序;第二要明确企业战略制订与分析的宏观经济环境。这些是进行企业战略分析的基础。

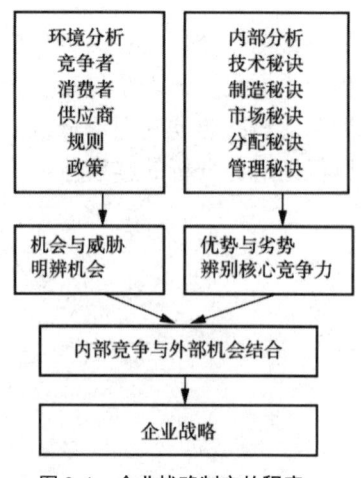

1. 企业战略制定的程序

企业战略制定的程序如图 3-1 所示。

图 3-1 企业战略制定的程序

从图 3-1 可以看出，企业的战略制定，既要通过对外部环境的分析明辨机会与威胁，又要通过企业内部活动分析明确优势与劣势，辨别核心竞争力。只有将外部机会与内部优势结合起来，才能制定定正确的企业战略。

应当指出，企业战略的制定应考虑企业类型。对于企业集团，其战略制定通常包括两个或更多的层次，如企业集团整体战略、各事业部或子公司的单位战略。集团整体战略与各单位战略在制定与分析时要考虑的因素是有所不同的。集团整体战略制定中更重视对行业的分析和经营多样性的分析。单位战略的制定则更重视对竞争策略等方面的分析。

企业战略制定过程，既是企业战略目标的确定过程，也是明确企业战略目标影响因素的过程。企业战略的制定，既为财务分析指明了方向，同时也是财务分析在战略制定过程的应用。

2. 宏观经济环境分析

宏观经济环境是指宏观经济运行的周期性波动等规律性因素和政府实施的经济政策等政策性因素。进行企业战略分析，首先应明确企业所处的宏观经济环境。其具体包括以下几个方面：

(1) 经济周期

市场经济从来不是单向运动的，它的运行具有周期性和波动性的特征。人们对未来经济形势的预期使得证券市场的变动一般先于经济周期的变动，由此起到"晴雨表"的作用。当经济繁荣接近顶峰时，明智的投资者意识到这一点，便开始少量抛售股票，致使股价上涨缓慢，当更多的投资者支持同样观点时，股票市场的供求关系由平衡逐渐过渡到供大于求，股价开始下跌到经济衰退时，股市将加速下跌。不过，经济周期对不同行业的影响会有差异，有些行业（如公用事业、生活必需品行业等）受经济周期影响较小，有些行业（如钢铁、能源、房地产等）受经济周期影响比较明显。

(2) 货币政策

货币政策是指政府为实现一定的宏观经济目标所制定的关于货币供应和货币流通组织管理的基本方针和基本准则。中央银行的货币政策对证券市场价格有非常重要的影响，从整体来说，松的货币政策使得证券市场价格上涨，紧的货币政策使得证券市场价格下跌。具体而言，中央银行主要通过利率、准备金率等货币政策工具对证券市场产生影响。

从投资者角度来看，利率上升会影响投资者对金融资产的选择，较高的利率使更多的资金流入银行或债市，从而分流股票市场的资金，使股票价格下跌；利率下降，资金流向的方向则相反。从上市公司角度来看，利率的升降使公司的融资成本相应增加或减少，进而影响盈利和股价水平。如果利率的升降伴随着金融紧缩或扩张政策，则会导致社会投资的减少或增加，影响经济增长速度，从而对股市形成长期向下的压力或向上的动力。

准备金率是中央银行调节货币供应量、影响货币市场和资本市场的资金供求，进而影响证券市场威力最大的货币政策工具。中央银行通过提高法定存款准备金率，限制商业银行创造派生存款的能力，致使货币市场供应量减少，证券市场价格下跌；反之，中央银行通过降低法定存款准备金率，增加货币供应量，使证券市场资金增多，从而推动证券价格上涨。例如，为贯彻中央经济工作会议确定的从紧货币政策要求，回收市场过剩的流动性,中国人民银行于 2007 年共 10 次上调存款类金融机构人民币存款准备金率,通过降低资本市场货币供应量对证券市场价格产生向下的影响。

(3) 财政政策

财政政策是政府依据客观经济规律制定的指导财政工作和处理财政关系的一系列方针、准则和措施的总称。财政政策的手段主要包括国家预算、税收、国债、财政支出、财政补贴、转移支付等。财政政策对证券市场的影响是多方面的,其中财政收支状况和税收调节政策所产生的影响最重要。

(4) 汇率

汇率是外汇市场上一国货币与他国货币相互交换的比率。汇率变化一方面会影响资本市场的外国资本流量,另一方面会影响本国企业的进出口。一般来说,如果一个国家的汇率上升,将导致外国资本流入本国,本国的证券市场将因需求旺盛而价格上涨;汇率下降,则资本流出本国,本国证券市场因需求减少而价格下跌。汇率的高低对本国进出口贸易的影响表现在:本国汇率上升将导致更多的外币兑换本币,本国产品的竞争力下降,出口型企业受损,因而汇率上升对此类公司的证券价格将产生不利的影响;相反,进口型企业将因汇率上升、成本下降而受益,因此汇率上升对此类公司的证券价格会产生有利的影响。

宏观环境分析对企业财务分析十分重要,企业财务活动的各个环节都受宏观环境的影响,只有将宏观环境因素与企业经营活动有机结合起来,才能准确分析企业的财务状况和财务成果的水平。

(三) 行业分析

行业分析为企业财务分析指明方向,即通过对企业所在行业的分析,明确企业所处行业的竞争程度与地位,有利于分析者进行正确的决策。行业分析主要包括行业竞争程度分析和市场议价能力分析两个方面:

1. 行业竞争程度分析

一个行业中的竞争程度和盈利能力水平主要受三个因素影响:①现有企业间的竞争;②新加入企业的竞争威胁;③替代产品或服务的威胁。

(1) 现有企业间竞争程度分析

现有企业间的竞争程度影响着行业的盈利水平,通常竞争程度越高,价格越接近于边际成本,盈利水平也越低。行业现有企业间的竞争程度分析主要应从影响企业间竞争的因素入手,通常包括以下内容:

第一,行业增长速度分析。行业增长速度越快,现有企业间不必为相互争夺市场份额而展开价格战;反之,如果行业增长较慢或停滞不前,则竞争势必加剧。

第二,行业集中程度分析。如果行业市场份额主要集中在少数企业,即集中程度高,则竞争度较低;反之,则竞争度较高。

第三,差异程度与替代成本分析。行业间企业要避免正面价格竞争,关键在于其产品或服务的差异程度,差异程度越大,竞争程度越低。当然,差异程度与替代成本相关,当替代成本较低时，企业间仍可进行价格竞争。

第四，规模经济性分析。具有规模经济性的行业，其固定成本与变动成本之比往往较高，此时企业为争夺市场份额进行的价格竞争就激烈。

第五，退出成本分析。当行业生产能力大于市场需求，而行业退出成本又较高时，势必会引起激烈的价格竞争，以充分使用生产能力；如果退出成本较低，则竞争将减弱。

(2) 新加入企业竞争威胁分析

当行业平均利润率超过社会平均利润率，即行业取得超额利润时，行业必然面临新企业加入的威胁。影响新企业加入的因素有许多，其主要因素有：

第一，规模经济性因素。规模经济性程度越高，新企业进入难度越大。因为要进入该行业，企业必须进行大规模投资。否则，如果投资规模小而达不到规模经济性，企业很难取得竞争优势，因此增加了新企业进入的困难。

第二，先进入优势因素。新进入企业与行业现有企业在竞争上总是处于相对不利的地位。因为先进入企业为防止新企业进入，在制定行业标准或规则方面总是偏向于现有企业；同时，现有企业通常具有成本优势，这也增加了新进入的难度。

第三，销售网与关系网因素。新进入企业要生存与发展，必然要打入现有企业的销售网与关系网。因此，现有企业销售网与关系网的规模与程度将影响着新企业进入的难易程度。

第四，法律障碍因素。许多行业对新进入企业在法律上有所规定与限制，如许可证、专利权等。因此，法律限制程度就直接影响着新企业进入的难易程度。

(3) 替代产品或服务威胁分析

替代产品与替代服务对行业竞争程度有重要影响。当行业存在许多替代产品或替代服务时，其竞争程度加剧；反之，替代产品或服务少，则竞争性较小。消费者在选择替代产品或服务时，通常考虑产品或服务的效用和价格两个因素。如果替代效用相同或相似，价格竞争就会激烈。

2. 市场议价能力分析

虽然行业竞争能力是行业盈利能力的决定因素，但行业实际盈利水平的高低，还取决于本行业企业与供应商和消费者（客户）的议价能力。

(1) 企业与供应商的议价能力分析

影响企业与供应商议价能力的因素主要包括以下几种：

第一，供应商的数量对议价能力的影响。当企业的供应商越少，可供选择的产品或服务也越少时，供应商方面的议价能力就越强；反之，则企业的议价能力越强。

第二，供应商的重要程度对议价能力的影响。供应商对企业的重要程度取决于其供应产品对企业产品的影响程度。如果供应商的产品是企业产品的核心部件，而替代产品较少，则供应商的议价能力增强；反之，企业具有更好的议价能力。

第三，单个供应商的供应量。单个供应商对企业的供应量越大，往往对企业的影响与制约程度越大，其议价能力也越强。

(2) 企业与客户的议价能力分析

影响企业与客户议价能力的因素有很多,如替代成本、产品差异、成本与质量的重要性、客户数量等。将这些因素归纳起来主要体现在以下两个方面:

第一,价格敏感程度的影响。价格敏感程度取决于产品差别程度及替代成本水平。产品差别越小,替代成本越低,价格敏感度越强,客户的议价能力越强。另外,客户对价格的敏感程度还取决于企业产品对客户的成本构成影响程度。如果企业产品在客户成本中占较大比重,客户将对其价格十分敏感;反之,则敏感程度下降。

第二,相对议价能力的影响。价格敏感程度虽然会对价格产生影响,但实际价格还取决于客户相对议价能力。影响其议价能力的因素有企业(供应商)与客户的供需平衡状况、单个客户的购买量、可供选择的替代产品数量、客户选择替代产品的成本水平和客户的逆向合并威胁等。

二、会计分析技术

(一) 会计分析的内涵与步骤

会计分析是财务报表分析的重要步骤之一。进行会计分析,一般可按以下步骤进行:

1. 阅读会计报告

阅读会计报告是会计分析的第一步。应当指出的是,在全面阅读会计报告的基础上应注意以下几点:

(1) 注册会计师审计意见与结论。
(2) 企业采用的会计原则、会计政策及其变更情况。
(3) 会计信息披露的完整性、真实性。
(4) 财务情况说明书。

2. 比较会计报表

在阅读会计报告的基础上,重点对会计报表进行比较。比较的方法包括水平分析法、垂直分析法和趋势分析法(具体技术分析方法将在下面的内容中进行详细介绍)。通过各种比较,揭示财务会计信息的差异及变化,找出需要进一步分析与说明的问题。

3. 解释会计报表

解释会计报表是指在比较会计报表的基础上,考虑企业采取的会计原则、会计政策、会计核算方法等,说明会计报表差异产生的原因,包括会计原则变化影响、会计政策变更影响、会计核算失误影响等。特别重要的是,要发现企业经营管理中存在的潜在"危险"信号。

4.修正会计报表信息

通过会计分析，对发现的由于会计原则、会计政策等原因引起的会计信息差异，通过一定的方式加以说明或调整，消除会计信息的失真问题。

（二）水平分析法

水平分析法是将反映企业报告期财务状况的信息（特别指会计报表信息资料）与反映企业前期或历史某一时期财务状况的信息进行对比，研究企业各项经营业绩或财务状况的发展变动情况的一种财务分析方法。水平分析法所进行的对比，一般而言，不是指单指标对比，而是对反映某方面情况的报表的全面、综合的对比分析，尤其在会计报表分析中应用较多，因此，通常也将水平分析法称为会计报表分析法。水平分析法的基本要点是，将报表资料中不同时期的同项数据进行对比，对比的方式有以下几种：

第一是绝对值增减变动，其计算公式是：

绝对值变动数量 = 分析期某项指标实际数 - 基期同项指标实际数

第二是增减变动率，其计算公式是：

变动率（%）=（绝对值变动数量/基期实际数量）×100%

第三是变动比率值，其计算公式是：

变动比率值 = 分析期实际数值/基期实际数值

上式中所说的基期，既可指上年度，也可指以前某年度。

应当指出，水平分析法通过将企业报告期的财务会计资料与前期对比，揭示各方面存在的问题，为全面深入分析企业财务状况奠定了基础，因此可以说，水平分析法是会计分析的基本方法。另外，水平分析法可用于一些可比性较高的同类企业之间的对比分析，以找出企业间存在的差距。但是，水平分析法在不同企业的应用中，一定要注意其可比性问题，即使在同一企业应用，对于存在差异的评价也应考虑其对比基础。另外，在水平分析中，应将两种对比方式结合运用，仅用变动量，或仅用变动率都可能得出片面的甚至是错误的结论。

（三）垂直分析法

垂直分析与水平分析不同，它的基本点不是将企业报告期的分析数据直接与基期进行对比求出增减变动量和增减变动率，而是通过计算报表中各项目占总体的比重或结构，反映报表中的项目与总体关系情况及其变动情况。会计报表经过垂直分析法处理后，通常称为同度量报表，或称为总体结构报表、共同比报表等。例如同度量资产负债表、同度量利润表、同度量成本表等，都是应用垂直分析法得到的。垂直分析法的一般步骤如下：

第一，确定报表中各项目占总额的比重或百分比，其计算公式是：

某项目的比重 =（该项目金额/各项目总金额）×100%

第二，通过各项目的比重，分析各项目在企业经营中的重要性。一般项目比重越大，说明其重要程度越高，对总体的影响越大。

第三，将分析期各项目的比重与前期同项目比重进行对比，研究各项目的比重变动情况。也可将本企业报告期项目比重与同类企业的可比项目比重进行对比，研究本企业与同类企业的不同，以及成绩和存在的问题。

（四）趋势分析法

趋势分析法是根据企业连续几年或几个时期的分析资料，运用指数或完成率的计算，确定分析期各有关项目的变动情况和趋势的一种财务分析方法。趋势分析法既可用于对会计报表的整体分析，即研究一定时期报表各项目的变动趋势，也可对某些主要指标的发展趋势进行分析。趋势分析法的一般步骤如下：

第一，计算趋势比率或指数。通常，指数的计算有两种方法，一是定基指数，二是环比指数。定基指数就是指各个时期的指数都是以某一固定时期为基期来计算的。环比指数则是指各个时期的指数都是以前一期为基期来计算的。趋势分析法通常采用定基指数。

第二，根据指数计算结果，评价与判断企业各项指标的变动趋势及其合理性。

第三，预测未来的发展趋势。根据企业以前各期的变动情况，研究其变动趋势或规律，从而可预测出企业未来发展变动情况。

三、比率分析法

（一）比率分析法的定义

比率分析法是财务分析最基本、最重要的方法。正因为如此，有人甚至将财务分析与比率分析等同起来，认为财务分析就是比率分析。比率分析法实质上是将影响财务状况的两个相关因素联系起来，通过计算比率，反映它们之间的关系，借以评价企业财务状况和经营状况的一种财务分析方法。比率分析的形式有：①百分率，如流动比率为200%；②比率，如速动比率为1∶1；③分数，如负债为总资产的1/2。

比率分析法以其简单明了、可比性强等优点在财务分析实践中被广泛采用。

（二）比率分析指标

由于财务分析的目的不同、分析的角度不同等，比率分析法中的比率有许多分类形式。有的根据财务报表的种类来划分比率，有的根据分析主体来划分比率，有的从反映财务状况的角度来划分比率，等等。下面对几种主要的比率划分方法加以说明。

第一，按分析主体或目的划分的比率。按财务分析主体或目的的不同，财务分析的比率可分别从投资者、债权人、政府管理者及经营者的角度进行划分。

1. 从投资者角度来看财务比率

投资者主要关心投资的保值增值、企业盈利能力的大小及投资风险性等。从这一分析目的出发，主要比率有：①销售利润率；②营业成本利润率；③总资产报酬率；④净资产利润率；⑤资本收益率；⑥资本保值增值率；⑦股票价格与收益比率；⑧每股股利；⑨股价市场风险指数；⑩股利支付率。

2. 从债权者角度来看财务比率

债权者主要关心其债权是否能及时、足额收回。债权包括借贷本金、应得利息及各种应收款等。从这一分析目的出发，债权者主要看企业的流动性、信用程度及盈利性等，反映这方面的财务比率有：①流动比率；②速动比率；③资产负债率；④负债对所有者权益比率；⑤存货周转率；⑥应付账款周转率；⑦销售利润率。

3. 从政府管理者的角度看财务比率

政府管理者主要关心企业对社会的贡献和积累情况。企业的社会贡献主要是指企业为国家或社会创造或支付的价值，包括工资、奖金、津贴、劳动退休统筹及其他社会福利支出、利息支出净额、应交增值税、应交产品销售税金及附加、应交所得税、其他税收、净利润等。反映企业社会贡献和积累情况的比率有：①社会贡献率；②社会积累率；③产品销售率。

4. 从经营者角度看财务比率

企业经营者关心企业的生产经营情况和财务状况，上述各种比率都是经营者所关心的。但是，由于经营者分析问题的角度与投资者、债权人及政府管理者可能不同，他往往站在企业整体的立场上，既要考虑企业外部的需要，又要注意内部经营管理的要求，因此，比率较多，划分方法各异。这将在下一问题中说明。

第二，按分析内容划分的比率。按分析内容划分比率，是站在企业整体立场上，或者说是站在企业经营者的立场上，根据不同的管理目的和要求，主要的划分方法有以下几种：

1. 方法一

这种比率划分方法是将比率分为营业评价比率、流动性评价比率、外债风险评价比率和股本收益评价比率四种。

（1）营业评价比率

这种比率主要用于考评企业的经营成绩。属于这种比率的主要有：①生产成本率和销售毛利率；②经营利润率；③费用率；④贡献率；⑤资金周转速度；⑥投资收益率。

（2）流动性评价比率

这种比率主要用于评价企业有无能力偿还所欠的短期债务。属于这种比率的主要有流动比率和速动比率。

（3）外债风险评价比率

这种比率主要用于评价企业偿还所欠长期债务的能力。属于这种的比率主要有：①外欠债对资产的比率；②外欠债对股本的比率；③净经营利润与利息的比率。

(4) 股本收益评价比率

这种比率主要用于评价企业的股东的收益状况或收益能力。反映股本收益的比率是股本收益率，即股本净收益与股本总额之间的比率。

2. 方法二

这种比率划分方法是将比率分为流动性比率、盈利性比率、长期偿付能力比率和市场检验比率。

(1) 流动性比率

反映流动性的比率主要有：①流动比率；②速动比率；③应收账款周转率；④平均收账天数；⑤存货周转率。

(2) 盈利性比率

反映盈利性的比率主要有：①销售利润率；②资产周转率；③资产收益率；④净资产收益率；⑤每股收益。

(3) 长期偿付能力比率

反映长期偿付能力的比率主要有资产负债率和利息保障倍数。

(4) 市场检验比率

反映市场检验的比率主要有：①每股价格与每股收益比率；②股息产生率；③市场风险率。

3. 方法三

这种比率划分方法是将比率分为收益性比率、流动性比率、安全性比率、成长性比率和生产性比率五种。

(1) 收益性比率

反映收益性的比率主要有：①销售利润率；②成本利润率；③总资产报酬率；④资本收益率等。

(2) 流动性比率

反映流动性的比率主要有：①存货周转率；②流动资产周转率；③固定资产周转率；④总资产周转率等。

(3) 安全性比率

反映安全性的比率主要有：①流动比率；②利息负担率；③资产负债率。

(4) 成长性比率

反映成长性的比率主要有：①利润增长率；②营业收入增长率；③固定资金增长率。

(5) 生产性比率

反映生产性的比率主要有：①劳动分配率；②劳动装备率；③人均销售收入。

第三，按财务报表划分的比率。主要包括资产负债表比率、利润表比率、现金流量表比率、所有者权益变动表比率，以及资产负债表、所有者权益变动表、利润表和现金流量表结合比率等。

（1）资产负债表比率是指利用资产负债表提供的指标计算的各种比率，如：①流动比率；②速动比率或酸性试验比率；③全部负债对所有者权益的比率；④存货对净营运资本比率；⑤资产负债率等。

（2）利润表比率是指利用利润表提供的指标计算的各种比率，如：①营业毛利率；②营业成本利润率；③营业收入利润率；④利息保障倍数等。

（3）现金流量表比率是指利用现金流量表提供的指标计算的各种比率，如：①经营现金流入量与现金流入总量之比；②经营现金流出量与现金流量总量之比等。

（4）所有者权益变动表比率是指利用所有者权益变动表提供的指标计算的各种比率，如股本占股东权益的比重、净利润占股东权益增加额的比重等。

（5）资产负债表与利润表结合比率，如：①应收账款周转率；②存货周转率；③总资产周转率；④总资产报酬率；⑤净资产利润率等。

（6）资产负债表与现金流量表结合比率，如：①经营现金净流量与负债总额之比；②经营现金净流量与流动负债之比等。

（7）利润表与现金流量表结合比率，如：①净利润与经营现金净流量之比；②经营现金净流量与利息支出之比等。还有，资产负债表与所有者权益变动表结合的比率，利润表与所有者权益变动表结合的比率和现金流量表与所有者权益变动表结合的比率。

（三）标准比率

在比率分析中，分析师往往对比率进行各种各样的比较，如时间序列比较、横向比较和依据一些绝对标准比较。不同的比较有着不同的评价目的和作用。标准比率是比率分析法中最常用的比较标准。

标准比率的计算方法有以下三种：

1. 算术平均法

应用算术平法计算标准比率，就是指将若干相关企业同一比率指标相加，再除以企业数得出算术平均数。这里所说的相关企业根据分析评价范围而定，如进行行业分析比较，相关企业为同行业内企业；如进行全国性分析比较，则相关企业为国内企业；如进行国际分析比较，则相关企业为国际范围内的企业。例如，某行业12家企业的流动比率资料见表3-1。

表 3-1　某行业 12 家企业的流动比率资料（1）

企业名称	流动比率（%）
N 01	213
N 02	154
N 03	133
N 04	104
N 05	212
N 06	448
N 07	217
N 08	139
N 09	290
N 010	215
N 011	111
N 012	218
合计	2 454

$$行业平均流动比率 = (2\,454/12) \times 100\% = 204.5\%$$

采用这种方法计算平均数时，无法消除过高或过低比率对平均数的影响，从而影响比率标准的代表性。因此，有人在计算平均数时选择中间区域，计算时首先将企业按比率大小排列（见表 3-2）。

表 3-2　某行业 12 家企业的流动比率资料（2）

企业名称	流动比率（%）
N 04	104
N 011	111
N 03	133
N 08	139
N 02	154
N 05	212
N 01	213
N 010	215
N 07	217
N 012	218
N 09	290
N 06	448

如果排除比率最低的两个企业和最高的两个企业,则行业平均流动比率为:

行业平均流动比率 =(1 501/8)×100%=187.6%

这样计算的标准比率,显然更具有代表性。

2. 综合报表法

综合报表法是指将各企业报表中的构成某一比率的两个绝对数相加,然后根据两个绝对数总额计算的比率。仍以上述的 12 家企业为例。

表 3-3 某行业 12 家企业的相关资料

企业名称	流动资产(元)	流动负债(元)	流动比率(%)
N01	16 980	7 960	213
N02	1 880 000	1 219 375	154
N03	10 535	7 926	133
N04	2 077 400	1 994 316	104
N05	253 300	119 697	212
N06	991 500	221 138	448
N07	4 434 000	2 039 664	217
N08	100 700	72 504	139
N09	1 385 000	476 939	290
N010	1 652 160	768 445	215
N011	10 100	9 063	111
N012	126 750	58 252	218
合计	12 938 425	6 995 279	

行业平均流动比率 =(12 938 425/6 995 279)×100%=184.96%

这种方法考虑了企业规模等因素对比率指标的影响,但其代表性可能更差。

3. 中位数法

中位数法是指将相关企业的比率按高低顺序排列,然后再划出最低和最高的各 25%,中间 50% 就为中位数比率,亦可将中位数再分为上中位数 25% 和下中位数 25%,最后依据企业比率的位置进行评价。例如,上例 12 家企业的净资产利润率,按此方法进行划分,可得出如下结果,如图 3-2 所示。

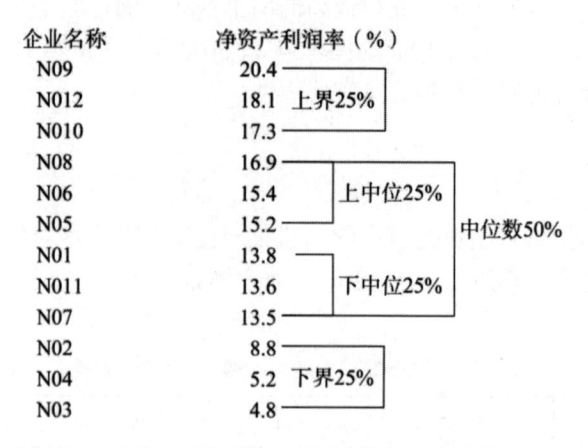

企业名称	净资产利润率（%）
N09	20.4
N012	18.1 上界25%
N010	17.3
N08	16.9
N06	15.4 上中位25%
N05	15.2
N01	13.8
N011	13.6 下中位25%
N07	13.5
N02	8.8
N04	5.2 下界25%
N03	4.8

图 3-2　12 家企业净资产利润率的划分结果

可见，比率在上界的 25%，表示企业有很好的盈利能力；比率在下界的 25%，表示企业盈利能力较差；比率在中位数的 50%，说明企业有良好的盈利能力，而在上中位数表示盈利水平较高，在下中位数表示盈利能力一般。

四、因素分析法

因素分析法是依据分析指标与其影响因素之间的关系，按照一定的程序和方法，确定各因素对分析指标差异影响程度的一种技术方法。因素分析法既是经济活动分析中最重要的方法之一，也是财务分析的方法之一。因素分析法根据其分析特点可分为连环替代法和差额计算法两种。

（一）连环替代法

连环替代法是因素分析法的基本形式，有人甚至将它与因素分析法看成同一概念，即连环替代法就是因素分析法，或因素分析法就是连环替代法。连环替代法的名称是由其分析程序的特点决定的。为正确理解连环替代法，首先应明确连环替代法的一般程序或步骤。

1. 连环替代法的程序

连环替代法的程序由以下几个步骤组成：

第一，确定分析指标与其影响因素之间的关系。确定分析指标与其影响因素之间的关系，通常用指标分解法，即将经济指标在计算公式的基础上进行分解或扩展，从而得出各影响因素与分析指标之间的关系式。如对于总资产报酬率指标，要确定它与影响因素之间的关系，可按下式进行分解：

$$总资产报酬率 = \frac{息税前利润}{平均资产总额} \times 100\%$$

$$= \frac{营业收入}{平均资产总额} \times \frac{息税前利润}{营业收入} \times 100\%$$

$$= \frac{总产值}{平均资产总额} \times \frac{营业收入}{总产值} \times \frac{息税前利润}{营业收入} \times 100\%$$

分析指标与影响因素之间的关系式，既说明哪些因素影响分析指标，又说明这些因素与分析指标之间的关系及顺序。如上式中影响总资产报酬率的有总资产产值率、产品销售率和销售利润率三个因素；它们都与总资产报酬率成正比例关系；它们的排列顺序是总资产产值率在先，其次是产品销售率，最后是销售利润率。

第二，根据分析指标的报告期数值与基期数值列出两个关系式或指标体系，确定分析对象。例如对于总资产报酬率而言，两个指标体系是：

基期总资产报酬率 = 基期资产产值率 × 基期产品销售率 × 基期销售利润率

实际总资产报酬率 = 实际资产产值率 × 实际产品销售率 × 实际销售利润率

分析对象 = 实际总资产报酬率 - 基期总资产报酬率

第三，连环顺序替代，计算替代结果。所谓连环顺序替代，就是以基期指标体系为计算基础，用实际指标体系中的每一因素的实际数顺序地替代其相应的基期数，每次替代一个因素，替代后的因素被保留下来。计算替代结果，就是在每次替代后，按关系式计算其结果将相加以后的合计数与"实际 – 基期"的差额进行验证。有几个因素就替代几次，并相应确定计算结果。

第四，比较各因素的替代结果，确定各因素单独变对分析指标的影响程度。比较替代结果是连环进行的，即将每次替代所计算的结果与这一因素被替代前的结果进行对比，是替代因素对分析对象的影响程度。

第五，检验分析结果。检验分析结果将各因素单独变动对分析指标的影响值相加，如果两者相等，说明分析结果可能是正确的；如果两者不相等，分析结果一定是错误的。

连环替代法的程序或步骤是紧密联系、缺一不可的，尤其是前四个步骤，任何一步错误，都会出现错误结果。

2. 应用连环替代法应注意的问题

连环替代法，作为因素分析法的主要形式，在实践中应用比较广泛。但是，在应用连环替代法的过程中必须注意以下几个问题：

(1) 因素分解的相关性问题

所谓因素分解的相关性，是指分析指标与其影响因素之间必须真正相关，即有实际经济意义。各影响因素的变动确实能说明分析指标差异产生的原因。这就是说，经济意义上的因素分解与数学上的因素分解不同，不是在数学算式上相等就行，而要看经济意义。例如，将影响材料费用的因素分解为下面两个等式，从数学上都是成立的：

材料费用 = 产品产量 × 单位产品材料费用

$$材料费用 = 工人人数 \times 每人消耗材料费用$$

但是从经济意义上说,只有前一个因素分解式是正确的,后一个因素分解式在经济上没有任何意义。因为工人人数和每人消耗材料费用到底是增加有利还是减少有利,这个式子无法说清楚。当然,有经济意义的因素分解式并不是唯一的,一个经济指标从不同角度来看,可分解为不同的有经济意义的因素分解式。这就需要我们在因素分解时,根据分析的目的和要求,确定合适的因素分解式,以找出分析指标变动的真正原因。

(2) 分析前提的假定性

所谓分析前提的假定性,是指分析某一因素对经济指标差异的影响时,必须假定其他因素不变,否则就不能分清各单一因素对分析对象的影响程度。但是实际上,有些因素对经济指标的影响是共同作用的结果,如果共同影响的因素越多,那么这种假定的准确性就越差,分析结果的准确性也就会降低。因此,在因素分解时,并非分解的因素越多越好,而应根据实际情况,具体问题具体分析,尽量减少对相互影响较大的因素进行再分解,使之与分析前提的假设基本相符;否则,因素分解过细,从表面上看有利于分清原因和责任,但是在共同影响因素较多时,反而影响了分析结果的正确性。

(3) 因素替代的顺序性

前面谈到,因素分解不仅要因素确定准确,而且因素排列顺序也不能交换,这里特别要强调的是不存在乘法交换律问题。因为分析前提假定性的原因,按不同顺序计算的结果是不同的。那么,如何确定正确的替代顺序呢?这是一个理论上和实践中都没有很好解决的问题。传统的方法是依据数量指标在前、质量指标在后的原则进行排列;现在也有人提出依据重要性原则排列,即主要的影响因素排在前面,次要的影响因素排在后面。但是无论哪一种排列方法,都缺少坚实的理论基础。正因为如此,许多人对连环替代法提出异议,并试图加以改善,但至今仍无公认的好的解决方法。一般来说,替代顺序在前的因素对经济指标影响的程度不受其他因素影响或受影响较小,排列在后的因素中含有其他因素共同作用的成分,从这个角度看问题,为分清责任,将对分析指标影响较大的并能明确责任的因素放在前面可能要好一些。

(4) 顺序替代的连环性

顺序替代的连环性是指在确定各因素变动对分析对象的影响时,都是将某因素替代后的结果与该因素替代前的结果对比,一环套一环。这样才既能保证各因素对分析对象影响结果的可分性,又便于检验分析结果的准确性。因为只有连环替代并确定各因素影响额,才能保证各因素对经济指标的影响之和与分析对象相等。

(二) 差额计算法

差额计算法是连环替代法的一种简化形式,当然也是因素分析法的一种形式。差额计算法作为连环替代法的简化形式,其因素分析的原理与连环替代法是相同的。其区别只在于分析的程序上,差额计算法比连环替代法简单,即它可直接利用各影响因素的实际数与基期数的差额,在其他因素不变的假定条件下,计算各因素对分析指标的影响程度。或者说差额计算法是将连环替代法的第三步骤和第四步骤合并为一个步骤进行。

这个步骤的基本点就是:确定各因素实际数与基期数之间的差额,并在此基础上乘以排列在该因素前面各因素的实际数和排列在该因素后面各因素的基期数,所得出的结果就是该因素变动对分析指标的影响数。

应当指出,应用连环替代法应注意的问题,在应用差额计算法时同样要注意。除此之外,还应注意的是,并非所有连环替代法都可按上述差额计算法的方式进行简化,特别是在各影响因素之间不是连乘的情况下,运用差额计算法必须慎重。

五、图解分析法

(一) 图解分析的作用与种类

图解分析法,亦称为图解法,是财务分析中经常应用的方法之一。严格地说,图解分析法并不是一种独立的财务分析方法,而是上述财务分析方法的直观表达形式。例如,对比分析法、结构分析法、趋势分析法、因素分析法及综合分析法等都可用图解分析法来表达。图解分析法的作用在于能形象、直观地反映财务活动的过程和结果,将复杂的经济活动及其结果以通俗、易懂的形式表现出来。因此,有的专家称图解分析法为一目了然的财务分析方法。图解分析法应用十分广泛,人们经常可在证券交易场所、报纸杂志等媒体看到财务分析图。目前,随着计算机及网络技术的普及与发展,图解分析法的应用基础、应用范围和种类、形式都得到了空前的发展,这里主要应用对比图解分析法、结构图解分析法、趋势图解分析法、因素图解分析法及其他图解分析法对相关问题进行分析说明。

(二) 对比图解分析法

对比图解分析法,是指用图形的形式,将某一指标的报告数值与基准数值进行对比,以揭示报告数值与基准数值之间的差异。对比图解分析法是实践中广泛应用的图解分析法之一,其形式多种多样。常见的对比分析图是柱形的,如图3-3所示。

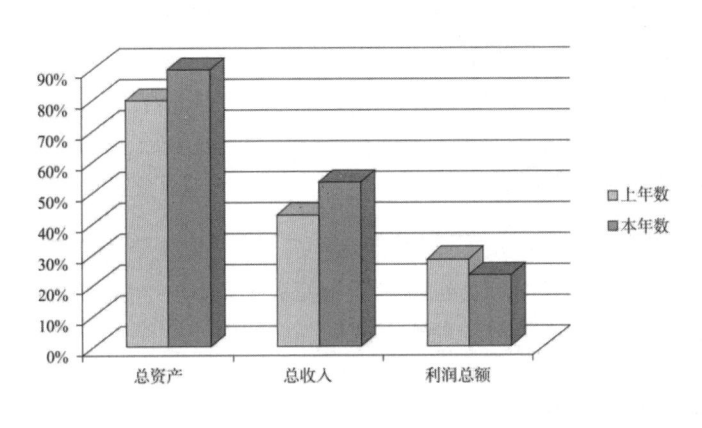

图 3-3 对比分析柱形图

图3-3可直观反映本年度总资产、总收入、利润总额与上年对比的情况。可见,企业在本年总资产和总收入都比上年增长的情况下,利润总额却有所下降。这说明企业规模虽有增长,但效益或盈利能力却明显下降。

(三) 结构图解分析法

结构图解分析法，实际上是垂直分析法的图解形式，它以图形的方式表示在总体中各部分所占的比重。结构分析图的形式也有很多种，较常见的为饼形图。图 3-4 和图 3-5 反映了某企业的资产结构和权益结构。

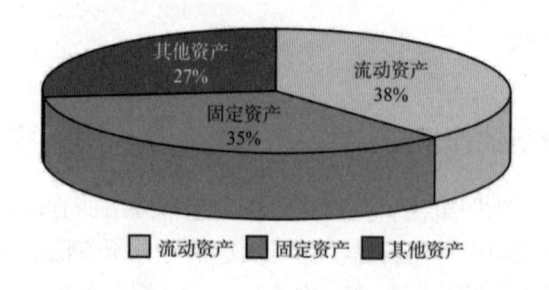

图 3-4　资产结构图

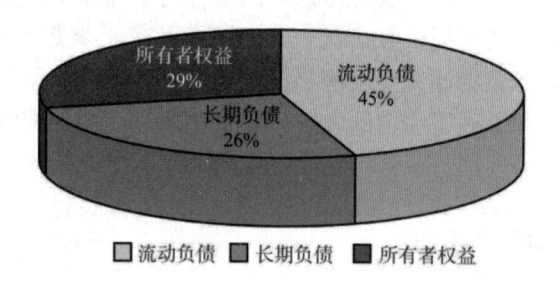

图 3-5　权益结构图

图 3-4 反映的是企业总资产流动资产占 38%，长期资产占 62%；图 3-5 说明企业总权益中有 71% 是负债，所有者权益仅占 29%。通过图解分析可以看出，企业资产结构与权益结构显然是不相适宜的，偿债能力特别是短期偿债能力是有问题的。

(四) 趋势图解分析法

趋势图解分析法，通常是指用坐标图反映某一个或某几个指标在一个较长时期内的变动趋势。坐标图的横轴表示时期，纵轴表示指标数值，将不同时期的指标数值用线连接起来，就形成了反映指标变动趋势的曲线，或称为折线图。

(五) 因素图解分析法

因素图解分析法是运用因素分解图来反映某项经济指标的影响因素及影响程度的一种图解分析法。它有利于直观、清晰地反映分析指标与影响因素之间的关系。

第四章 资产负债表分析

第一节 资产负债表分析概述

一、资产负债表分析的目的

资产是企业产生、生存与发展的原动力，企业的资本运动是通过资本筹集、资本运用和资本收益分配等一系列资本活动来实现的。筹资活动是企业根据生产经营对资本的需求，通过各种筹资渠道，采用适当筹资方式取得经营所需资本的行为。筹资活动是企业生存和发展的基本条件，是资本运用的起点。企业的资本来源，一是由所有者提供的永久性资本，二是由债权人提供的信贷资金，从而形成对一个企业所拥有资产的两种不同要求权。企业取得资本后，必须将资本有目的地投放使用，使其转化为相应的资产，以谋取最大的资本收益。资本运用是企业资本运动的中心环节，它不仅对资本筹集提出要求，而且对资本收益分配产生影响。资本收益分配既是企业前期资本运动的终点，也是下期资本运动的起点，它作为资本运动的结果而出现，是对资本运动成果的分配。企业的所有资本活动及结果，必然会直接通过资产负债表全面、系统、综合地反映出来，但是，仅仅通过阅读资产负债表，只能了解企业在某一特定时日所拥有或控制的资产、所承担的经济义务以及所有者对净资产的要求权。尽管这些信息是必要的，但却满足不了报表使用者进行决策的需要，借助于资产负债表的分析，才有可能最大限度地满足报表使用者的这种要求。

资产负债表分析的目的，就在于了解企业会计对企业财务状况的反映程度，以及所提供的会计信息的质量，据此对企业资产和权益的变动情况以及企业财务状况做出恰当的评价，具体来说包括以下五个方面：

（一）通过资产负债表分析，揭示资产负债表及相关项目的内涵

从根本上讲，资产负债表上的数据是企业经营活动的直接结果，但这种结果是通过企业会计依据某种会计政策，按照某种具体会计处理方法进行会计处理后编制出来的。因此，企业采取何种会计政策，使用何种会计处理方法，必然会对资产负债表上的数据产生影响。例如，某一经营期间耗用的材料一定时，采用不同存货计价方法进行会计处理，期末资产负债表上的存货金额就会有很大差异。如果不能通过分析搞清资产负债表及相关项目的内涵，就会把企业会计处理产生的差异看作生产经营活动导致的结果，从而得出错误的分析结论。

（二）通过资产负债表分析，了解企业财务状况的变动情况及变动原因

企业在经营过程中，企业资产规模及各项资产会不断发生变动，与之相适应的是资金来源也会发生相应变动，资产负债表只是静态地反映出变动后的结果。企业的资产、负债及所有者权益在经过一段时期经营后，发生了什么样的变动，变动的原因是什么，只有通过对资产负债表进行分析才能知道，并在此基础上，对企业财务状况的变动及变动原因做出合理的解释和评价。

（三）通过资产负债表分析，评价企业会计对企业经营状况的反映程度

资产负债表是否充分反映了企业的经营状况，其真实性如何，资产负债表本身不能说明这个问题。企业管理者出于某种需要，既可能客观地、全面地通过资产负债表反映企业的经营状况，也可能隐瞒了企业经营中的某些重大事项。根据一张不能充分真实反映企业经营状况的资产负债表，是不能对企业财务状况的变动和变动原因做出合理解释的。虽然这种评价具有相当的难度，特别是对那些不了解企业真实经营状况的外部分析者来说，其难度更大，但却是资产负债表分析的重要目标之一。

（四）通过资产负债表分析，评价企业的会计政策

企业的会计核算必须在企业会计准则指导下进行，但企业会计在会计政策选择和会计处理方法选择上也具有相当的灵活性，如存货计价方法、折旧政策等。不同的会计政策和会计处理方法，体现在资产负债表上的结果往往不同，某种会计处理的背后，总是代表着企业的会计政策和会计目的。企业所选择的会计政策和会计处理方法是否合适，企业是否利用会计政策选择达到某种会计目的，深入分析资产负债表及相关项目的不正常变动，了解企业会计政策选择的动机，可以揭示出企业的倾向，评价企业的会计政策，消除会计报表外部使用者对企业会计信息的疑惑。

（五）通过资产负债表分析，修正资产负债表的数据

资产负债表是进行财务分析的重要基础资料，即使企业不是出于某种目的进行调整，资产负债表数据的变化也不完全是企业经营影响的结果。会计政策变更、会计估计变更等企业经营以外的因素对资产负债表数据也有相当的影响。通过资产负债表分析，要揭示出资产负债表数据所体现的财务状况与真实财务状况的差异，通过差异调整、修正资产负债表数据，尽可能消除会计信息失真的现象，为进一步利用资产负债表进行财务分析奠定资料基础，以保证财务分析结论的可靠性。

二、资产负债表分析的内容

资产负债表分析主要包括以下内容：

（一）资产负债表水平分析

资产负债表水平分析，就是通过对企业各项资产、负债和所有者权益的对比分析，揭示企业筹资与投资过程的差异，从而分析与揭示企业生产经营活动、经营管理水平、会计政策及会计变更对筹资与投资的影响。

（二）资产负债表垂直分析

资产负债表垂直分析，就是通过将资产负债表中各项目与总资产或总权益进行对比，分析企业的资产构成、负债构成和所有者权益构成，揭示企业资产结构和资本结构的合理程度，探索企业资产结构优化、资本结构优化及资产结构与资本结构适应程度优化的思路。

（三）资产负债表项目分析

资产负债表项目分析，就是在资产负债表全面分析的基础上，对资产负债表中资产、负债和所有者权益的主要项目进行深入分析，包括会计政策、会计估计等变动对相关项目影响的分析。

第二节　资产负债表水平分析

一、资产负债表水平分析表的编制

资产负债表水平分析的目的之一就是从总体上概括了解资产、权益的变动情况，揭示出资产、负债和所有者权益变动的差异，分析其差异产生的原因。资产负债表水平分析的依据就是资产负债表，通过采用水平分析法，将资产负债表的实际数与选定的标准进行比较，编制出资产负债表水平分析表，在此基础上进行分析评价。

资产负债表水平分析要根据分析的目的来选择比较的标准（基期），当分析的目的在于揭示资产负债表实际变动情况，分析产生实际差异的原因，其比较的标准应选择资产负债表的上年实际数；当分析的目的在于揭示资产负债表预算或计划执行情况，分析影响资产负债表预算或计划执行情况的原因，其比较的标准应选择资产负债表的预算数或计划数。

资产负债表水平分析除了要计算某项目的变动额和变动率外，还应计算出该项目变动对总资产或负债和所有者权益总额的影响程度，以便确定影响总资产或负债和所有者权益总额的重点项目，为进一步分析指明方向。某项目变动对总资产或负债和所有者权益总额的影响程度可按下式计算：

$$\begin{matrix}\text{某项目变动对总资产}\\(\text{负债和所有者权益总额})\text{的影响}\end{matrix} = \frac{\text{某项目的变动额}}{\text{基期总资产（负债和所有者权益总额）}} \times 100\%$$

二、资产负债表变动情况的分析评价

企业总资产表明企业资产的存量规模，随着企业经营规模的变动，资产存量规模也处在经常变动之中。资产存量规模过小，将难以满足企业经营的需要，影响企业经营活动的正常进行；资产存量规模过大，将造成资产的闲置，使资金周转缓慢，影响资产的利用效率。资产作为保证企业经营活动正常进行的物质基础，它的获得必须有相应的资金来源。企业通过举债或吸收投资人投资来满足对企业资产的资金融通，从而产生了债权人、投资人对企业资产的两种不同要求权，即权益。资产、权益分别列示在资产负债表的左右两方，反映企业的基本财务状况，对资产负债表变动情况的分析评价也应当从这两大方面进行。

（一）从投资或资产角度进行分析评价

投资或资产角度的分析评价主要从以下几个方面进行：

第一，分析总资产规模的变动状况以及各类、各项资产的变动状况，揭示出资产变动的主要方面，从总体上了解企业经过一定时期经营后资产的变动情况。

第二，发现变动幅度较大或对总资产变动影响较大的重点类别和重点项目。首先，要注意发现变动幅度较大的资产类别或资产项目，特别是发生异常变动的项目。其次，要把对总资产变动影响较大的资产项目作为分析重点。某资产项目变动自然会引起总资产发生同方向变动，但不能完全根据该项目本身的变动来说明其对总资产的影响。该项目变动对总资产的影响，不仅取决于该项目本身的变动程度，还取决于该项目在总资产中所占的比重。当某项目本身变动幅度较大时，如果该项目在总资产中所占比重较小，则该项目变动对总资产的变动就不会有太大影响；反之，即使某个项目本身变动幅度较小，如果其比重较大，则其对总资产变动的影响程度也很大。

第三，要注意分析资产变动的合理性和效率性。

第四，注意考察资产规模变动与所有者权益总额变动的适应程度，进而评价企业财务结构的稳定性和安全性。在资产负债表上，资产总额等于负债与所有者权益总额之和，如果资产总额的增长幅度大于所有者权益总额的增长幅度，表明企业债务负担加重，这虽然可能是由企业筹资政策变动引起的，但却可能导致偿债保证程度下降，偿债压力加重。一般来说，为了保证企业财务结构的稳定性和安全性，资产规模变动应与所有者权益总额变动相适应。

第五，注意分析会计政策变动的影响。企业资产的变动主要受生产经营规模的影响，但企业管理人员在进行会计核算和编制财务报表时所采用的会计政策和会计方法等，对企业资产变动的影响也不可忽视。尽管会计准则和会计制度对会计核算乃至财务报表的编制都有相应的要求，但会计准则和会计制度也给企业灵活选择会计政策和会计方法留有相当大的余地，企业管理人员可以通过会计政策变更，或灵活地选用会计方法对资产负债表的数据做出调整。例如，改变存货计价方法，就会引起资产负债表上存货的变化。此外，企业大量的经营业务需要会计做出判断。例如，对于企业当期的坏账损失占应收账款的比率，会计的随意性判断就会使应收账款净值发生变动。因此，分析时首要了解企业所采用的会计政策，对会计政策变更或会计随意性所造成的影响要充分地揭示出来，以便纠正失真的会计数据，使财务分析能够依据真实可靠的会计资料进行，保证财务分析结论的正确性。

（二）从筹资或权益角度进行分析评价

筹资或权益角度的分析评价主要从以下几方面进行：

第一，分析权益总额的变动状况以及各类、各项筹资的变动状况，揭示出权益总额变动的主要方面，从总体上了解企业经过一定时期经营后权益总额的变动情况。

第二，发现变动幅度较大或对权益总额变动影响较大的重点类别和重点项目，为进一步分析指明方向。

第三，注意分析评价表外业务的影响。例如，按目前会计准则规定，资产负债表仅反映了企业按历史成本原则核算的现实负债，一个企业承担的或有负债并不反映在资产负债表上，而这种可能成为企业现实负债的事项及其对企业财务状况可能产生的影响，也是分析评价时要特别关注的。

值得注意的是，权益各项目的变动既可能是企业经营活动造成的，也可能是企业会计政策变更造成的，或者是由会计的灵活性、随意性造成的，因此，只有结合权益各项目变动情况的分析，才能揭示权益总额变动的真正原因。

另外，对资产负债表水平分析表的分析评价还应结合资产负债表垂直分析、资产负债表附注分析和资产负债表项目分析进行，同时还应注意与利润表、现金流量表的结合。

三、资产变动合理性与效率性的分析评价

对总资产变动情况进行分析，不仅要考察其增减变动额和变动幅度，还要对其变动的合理性与效率性进行分析。特别是企业经营者在进行分析时，更要注意这一点。任何企业取得资产的目的都不是单纯占有资产，而是运用资产进行经营活动以实现企业的目标。资产变动是否合理，直接关系到资产生产能力的形成与发挥，并通过资产的利用效率体现出来。因此，对资产变动合理性与效率性的分析评价，可借助企业产值、营业收入、利润和经营活动现金净流量等指标，通过资产变动与产值变动、营业收入变动、利润变动及经营活动现金净流量变动的比较，对其合理性与效率性做出评价。比较的结果可能有以下几种情况：

第一，增产、增收、增利或增加经营活动现金净流量的同时增资，但增资的幅度小，表明企业资产利用效率提高，形成资金相对节约。

第二，增产、增收、增利或增加经营活动现金净流量的同时不增资，表明企业资产利用效率提高，形成资金相对节约。

第三，增产、增收、增利或增加经营活动现金净流量的同时减少资产，表明企业资产利用效率提高，形成资金绝对节约和相对节约。

第四，产值、收入、利润、经营活动现金净流量持平，资产减少，表明企业资产利用效率提高，形成资金绝对节约。

第五，增产、增收、增利或增加经营活动现金净流量的同时，资产增加，且资产增加幅度大于增产、增收、增利或增加经营活动现金净流量的幅度，表明企业资产利用效率下降，资产增加不合理。

第六，减产、减收、减利或者减少经营活动现金净流量的同时，资产不减或资产减少比率低于减产、减收、减利或减少经营活动现金净流量的比率，表明企业资产利用效率下降，资产调整不合理。

第七，减产、减收、减利或减少经营活动现金净流量的同时，资产增加，必然造成资产大量闲置，生产能力利用不足，资产利用效率大幅度下降。

分析时还应注意，在全部资产中，有些资产会随产量或销售规模的变动而变动，如应收账款、货币资金、存货等；有些资产与产销规模变动没有直接联系，在产销规模发生变动时，这些资产基本不变或只发生较小的变动，如固定资产、无形资产等。分析时，可将随产销规模变动的资产项目与产销变动情况进行单独比较，以准确评价资产变动的合理性。

四、资产负债表变动原因的分析评价

这种分析着重说明发生了哪些变化，还不能解释资产负债表变动的深层次原因。如果从资产负债表左右两方的对应关系方面进行分析，对资产负债表变动原因的解释更具说服力。概括起来，引起资产负债表变动的原因可归纳为以下几种类型：

（一）负债变动型

负债变动型是指在其他权益项目不变时，由于负债变动而引起资产变动。其典型形式如表 4-1 所示。

表 4-1　负债变动型

单位：万元

资产	期初	期末	负债及股东权益	期初	期末
流动资产	400	500	负债	500	700
固定资产	600	700	股本	300	300
			盈余公积	100	100
			未分配利润	100	100
总计	1 000	1 200	总计	1 000	1 200

从表 4-1 中可以看出，本期总资产增加 200 万元，增长率为 20%，完全是由负债增加引起的。尽管企业的经营规模扩大了，但这并不代表企业经营出色，对于这种变化，是不能做出良好评价的，只能说是企业理财的结果。

（二）追加投资变动型

追加投资变动型是指在其他权益项目不变时，由于投资人追加投资或收回投资而引起资产变动。其典型形式如表 4-2 所示。

表 4-2　追加投资变动型

单位：万元

资产	期初	期末	负债及股东权益	期初	期末
流动资产	400	500	负债	500	500
固定资产	600	700	股本	300	500
			盈余公积	100	100
			未分配利润	100	100
总计	1 000	1 200	总计	1 000	1 200

从表 4-2 中可以看出，本期总资产增加是由投资人追加投资引起的，并不是由企业主观努力引起的。当一个企业不是依靠自身努力经营，而是依靠投资人追加投资扩大经营规模时，很难对其做出良好评价。

（三）经营变动型

经营变动型是指在其他权益项目不变时，由于企业经营原因而引起资产变动。其典型形式如表 4-3 所示。

表 4-3　经营变动型

单位，万元

资产	期初	期末	负债及股东权益	期初	期末
流动资产	400	500	负债	500	500
固定资产	600	700	股本	300	300
			盈余公积	100	300
			未分配利润	100	100
总计	1 000	1 200	总计	1 000	1 200

从表 4-3 中可以看出，本期盈余公积增加 200 万元，导致资产增加，其根本原因是企业当年盈利，从而通过提取盈余公积扩大企业经营规模。这种变化，是企业主观努力的结果，理应给予良好评价。如果情况相反，则会因企业经营失败造成企业经营规模缩减。

（四）股利分配变动型

股利分配变动型是指在其他权益项目不变时，由于股利分配原因而引起资产变动。其典型形式如表 4-4 所示。

表 4-4 股利分配变动型

单位：万元

资产	期初	期末	负债及股东权益	期初	期末
流动资产			负债	500	500
固定资产			股本	300	300
			盈余公积	100	100
			未分配利润	100	300
总计	1 000	1 200	总计	1 000	1 200

从表 4-4 中可以看出，由于本期从当年盈利中留用了 200 万元利润，因此资产增加 200 万元，这表明企业当年经营还是卓有成效的。实际上，当企业盈利时，盈余公积也会相应增加，这里仅为说明这一类型而假定盈余公积不变；相反，如果股利分配总额超过当年扣除各项提取后的净利润，将会使资产规模缩小，但这并不说明企业经营失败，而是企业实行某种股利政策的结果，是企业财务运作行为，这和企业因经营失败而亏损造成资产减少不能相提并论。

实际上，很难有一个企业资产负债表的变动与上述几种典型情况之一相一致，但任何一个企业资产负债表的变动都可以通过以上几种类型的组合来说明。

第三节 资产负债表垂直分析

一、资产负债表垂直分析表的编制

资产负债表结构反映出资产负债表各项目的相互关系及各项目所占的比重。资产负债表垂直分析是通过计算资产负债表中各项目占总资产或权益总额的比重，分析评价企业资产结构和权益结构变动的合理程度。具体讲就是：①分析评价企业资产结构的变动情况及变动的合理性；②分析评价企业资本结构的变动情况及变动的合理性；③分析评价企业资产结构与资本结构的适应程度。

资产负债表垂直分析可以从静态角度和动态角度两方面进行。从静态角度分析就是以本期资产负债表为分析对象，分析评价其实际构成情况。从动态角度分析就是将资产负债表的本期实际构成与选定的标准进行对比分析，对比的标准可以是上期实际数、预算数和同行业的平均数或可比企业的实际数。其选择视分析目的而定。

二、资产负债表结构变动情况的分析评价

资产负债表结构变动情况的分析评价可从两大方面进行：

（一）资产结构的分析评价

企业资产结构分析评价的思路是：

第一，从静态角度观察企业资产的配置情况，特别关注流动资产和非流动资产的比重以及其中重要项目的比重，分析时可通过与行业的平均水平或可比企业的资产结构进行比较，对企业资产的流动性和资产风险做出判断，进而对企业资产结构的合理性做出评价。

第二，从动态角度分析企业资产结构的变动情况，对企业资产结构的稳定性做出评价，进而对企业资产结构的调整状况做出评价。

（二）资本结构的分析评价

企业资本结构分析评价的思路是：

第一，从静态角度观察资本的构成，衡量企业的财务实力，评价企业的财务风险，同时结合企业的盈利能力和经营风险，评价其资本结构的合理性。

第二，从动态角度分析企业资本结构的变动情况，对资本结构的调整情况及对股东收益可能产生的影响做出评价。

三、资产结构、负债结构和股东权益结构的具体分析评价

（一）资产结构的具体分析评价

企业资产结构的具体分析评价应特别关注以下几个方面：

1. 经营资产与非经营资产的比例关系

企业占有的资产是企业进行经营活动的物质基础，但并不是所有的资产都是用于企业自身经营的。其中，有些资产被其他企业所运用，如一些债权类资产和投资类资产；有些资产已经转化为今后的费用，如长期待摊费用、开发支出和递延所得税资产等。这些资产尽管是企业的资产，但已无助于企业自身经营。如果这些非经营资产所占比重过大，企业经营能力就会远远小于企业总资产所表现出来的经营能力。当企业资产规模扩大时，从表面上看，似乎是企业经营能力增强了，但如果仅仅是非经营资产比重上升，经营资产比重反而下降了，是不能增强企业的经营能力的。

2. 固定资产与流动资产的比例关系

一般而言，企业固定资产与流动资产之间只有保持合理的比例结构，才能形成现实的生产能力，否则，就有可能造成部分生产能力闲置或加工能力不足。以下三种固流结构政策可供企业选择：①适中的固流结构政策。采取这种政策，就是将固定资产存量与流动资产存量的比例保持在平均水平。这种情况下，企业的盈利水平一般，风险程度一般。②保守的固流结构政策。采取这种政策，流动资产的比例较高。这种情况下，由于增加了流动资产，企业资产的流动性提高，资产风险会因此降低，但可能导致盈利水平的下降。③激

进的固流结构政策。采取这种政策，固定资产的比例较高。这种情况下，由于增加了固定资产，会相应提高企业的盈利水平，同时可能导致企业资产的流动性降低，资产风险会因此提高。

3. 流动资产的内部结构

流动资产的内部结构是指组成流动资产的各个项目占流动资产的比重。分析流动资产结构，可以了解流动资产的分布情况、配置情况、资产的流动性及支付能力。

（二）负债结构的具体分析评价

1. 负债结构分析应考虑的因素

负债是指过去的交易、事项形成的现时义务，履行该义务预期会导致经济利益流出企业。根据债务偿还期限，负债可以分为流动负债和非流动负债，需要在一年或超过一年的一个营业周期内偿还的债务为流动负债，其余则为非流动负债。

负债结构是由于企业采用不同负债筹资方式而形成的，是负债筹资的结果，因此，负债结构分析必须结合其他有关因素进行。

（1）负债结构与负债规模

负债结构反映的是各种负债在全部负债中的组成情况，虽然与负债规模有关，却不能说明负债规模的大小。负债结构变化既可能是负债规模变化引起的，也可能是负债各项目变化引起的。换言之，负债规模不变，不等于负债结构不变，而负债结构不变，不等于负债规模不变。分析时，只有联系负债规模，才能真正揭示出负债结构变动的原因和变动趋势。

（2）负债结构与负债成本

企业举债，不仅要按期归还本金，还要支付利息，这是企业使用他人资金必须付出的代价，通常称为资金成本。企业在筹集资金时，总是希望付出最低的代价，对资金成本的权衡，会影响到企业筹资方式的选择，进而对负债结构产生影响；反过来，负债结构的变化也会对负债成本产生影响。这是因为，不同的负债筹资方式所取得的资金，其成本是不一样的，任何一个企业都很难只用一种负债筹资方式来获取资金，当企业用多种负债筹资方式筹资时，其负债成本的高低除与各种负债筹资方式的资金成本相关外，还取决于企业的负债结构。

（3）负债结构与债务偿还期限

这是负债结构分析要考虑的一个极其重要的因素。负债是必须偿付的，而且要按期偿付，企业在举债时，就应当根据债务的偿还期限来安排负债结构。企业负债结构合理的一个重要标志就是使债务的偿还期与企业现金流入的时间吻合，债务的偿还金额与现金流入量相适应。如果企业能够根据其现金流入的时间和流入量妥善安排举债时间、偿债的时间和债务金额，使各种长、短期债务相配合，各种长、短期债务的偿还时间分布合理，企业就能及时偿付各种到期债务，维护企业信誉。否则，如果债务结构不合理，各种债务偿还期相对集中，就可能产生偿付困难，造成现金周转紧张局面，影响到企业的形象，也会增加企业今后通过负债筹资的难度。

（4）负债结构与财务风险

企业的财务风险源于企业采用的负债经营方式。不同类型的负债，其风险是不同的，在安排企业负债结构时，必须考虑到这种风险。任何企业，只要采取负债经营方式，就不可能完全回避风险，但通过合理安排负债结构降低风险是完全可以做到的。一般说来，流动负债的风险要高于非流动负债，这是因为：①企业使用非流动负债筹资，在既定的负债期内，因利率不会发生变动，其利息费用是固定的。如果在相同期限内使用流动负债来衔接，一方面会产生难以确保及时取得资金的风险，另一方面可能会因利率调整而使利息费发生变动，尤其是在通货膨胀的条件下，可能因当前的短期借款利率超过以往的长期借款利率而使企业利息费用增加。②非流动负债的偿还期比较长，使企业有充裕的时间为偿还债务积累资金，虽有风险，但相对小些。如果企业以多期的流动负债相衔接来满足长期资金的需要，可能会因频繁的债务周转而发生一时无法偿还的情况，从而落入财务困境，甚至导致企业破产。

（5）负债结构与经济环境

企业生产经营所处的经济环境也是影响企业负债结构的因素之一，其中资本市场的资金供求情况尤为重要。当国家紧缩银根时，企业取得短期借款就可能比较困难，其长期债务的比重就会高一些；反之，企业比较容易取得贷款时，其流动负债的比重就会大些，在这种情况下，经济环境对企业负债结构的影响是主要方面，企业自身的努力也会发挥相当的作用。

（6）负债结构与筹资政策

企业负债结构的安排和变动受到许多主、客观因素的影响和制约，企业筹资政策完全可以说是一个纯粹的主观因素。企业根据自身的经营实际和资产配置情况所制定的筹资政策，直接决定企业的负债结构。从这个意义上说，负债结构分析也是筹资政策分析。

2. 典型负债结构分析评价

负债按不同分类方式，可以形成不同的负债结构，因此，对负债结构的分析，可以从以下几个方面进行：

（1）负债期限结构分析评价

负债按期限长短分为流动负债和非流动负债，负债的期限结构可以用流动负债比率和非流动负债比率来表示。负债期限结构更能说明企业的负债筹资政策。

（2）负债方式结构分析评价

负债按其取得方式可以分为银行信用、商业信用、应缴款项、内部结算款项、债券、未付股利和其他负债。

（3）负债成本结构分析评价。各种负债，由于其来源渠道和取得方式不同，成本也有较大差异。有些负债，如应付账款等，基本属于无成本负债；有些负债，如短期借款，则属于低成本负债。长期借款、应付债券等则属于高成本负债。根据对各项负债成本的划分，然后进行归类整理，就会形成负债成本结构。

(三)股东权益结构的具体分析评价

股东权益是指所有者在企业资产中享有的经济利益,其金额为资产减去负债后的余额。股东权益是由企业投资人投资和企业生产经营所得净收益的积累组成的,具体包括四部分:①投资人直接投资所形成的投入资本;②资本公积;③从生产经营所得净收益中提取的盈余公积及公益金积累;④保留的未分配利润的积累。

股东权益又称自有资本、主权资金、权益资金,是企业资金来源中重要的组成部分,是其他资金来源的前提和基础。权益资金在企业生产经营期间不需返还,是可供企业长期使用的长久资金,而且没有固定的利息负担。所以权益资金越多,企业的财务实力越雄厚,财务风险越少,如果企业的资金全部是权益资金,则无财务风险可言。

股东权益结构是由于企业采用产权筹资方式而形成的,是产权筹资的结果。对股东权益进行分析,必须考虑以下因素:

(1)股东权益结构与股东权益总量

股东权益结构变动既可能是股东权益总量变动引起的,也可能是股东权益内部各项目本身变动引起的,两者的变化可分为:①总量变动,结构变动。例如,当各具体项目发生不同程度变动时,其总量会因此变动,但由于各项目变动幅度不同,其结构会随之变动。②总量不变,结构变动。这是股东权益内部各项目之间互相变动所造成的。例如,以盈余公积转增股本。③总量变动,结构不变。当股东权益内部各项目按相同比例成相同方向变动时,会出现这种情况。实务中第三种情况几乎没有,而第一种、第二种情况却是普遍存在。

(2)股东权益结构与企业利润分配政策

股东权益虽然由四部分组成,实质上却可以分为两类:投资人投资和生产经营活动形成的积累。一般来说,投资人投资不是经常变动的,因此,由企业生产经营获得的利润积累而形成的股东权益数量的多少,就会直接影响股东权益结构,而这完全取决于企业的生产经营业绩和利润分配政策。如果企业奉行高利润分配政策,就会把大部分利润分配给投资者,留存收益的数额就较小,股东权益结构变动就不太明显,生产经营活动形成的股东权益所占比重就较低;反之,其比重就会较高。

(3)股东权益结构与企业控制权

企业真正控制权掌握在投资人特别是投资比例较大的投资人手里。如果企业通过吸收投资人追加投资来扩张规模,就会增加股东权益中投入资金的比重,使股东权益结构发生变化,同时也会分散企业的控股权。如果投资人不想其对企业的控制权被分散,就会在企业需要资金时,采取负债筹资方式。在其他条件不变的情况下,这既不会使企业股东权益结构发生变动,也不会分散企业控股权。

(4)股东权益结构与权益资金成本

股东权益结构影响权益资金成本的一个基本前提是股东权益的资金成本不同。事实上,在股东权益各项目中,只有投资人的资金才会发生实际资金成本支出,其余各项目是一种无实际筹资成本的资金来源,其资金成本只不过是机会成本,即它们无须像投入的资本那样,分配企业的利润。在实务中,即使把这种成本考虑进去,由于筹措这类资金既不花费时间,也无须支付筹资费用,因而这类资金的成本要低于投入资本的资金成本。基于此类资金的这一特点,在股东权益中,这类资金比重越大,权益资金成本就越低。

(5) 股东权益结构与经济环境

企业筹资渠道有多条,筹资方式也有多种,企业可以根据需要进行选择。企业在选择筹资渠道和筹资方式时,不仅取决于企业的主观意愿而且还受外界经济环境影响。例如,当资金市场比较宽松时,企业可能更愿意通过举债来筹集资金,这样既可以降低整个企业的资金成本,又可以获得财务利益;而资金市场紧张时,企业则会利用产权筹资方式来筹集资金,且更注意企业自身的积累,其结果就会影响股东权益结构。

四、资产结构与资本结构适应程度的分析评价

企业的资产结构受制于企业的行业性质,不同的资产性质,其资金融通的方式也有差异。因此,尽管总资产与总资本在总额上一定相等,但由不同投资方式产生的资产结构与不同筹资方式产生的资本结构却不完全相同。虽然资产结构与资本结构的适应形式千差万别,但归纳起来可以分为保守结构、稳健结构、平衡结构和风险结构四种类型。

1. 保守结构

在保守结构形式中,无论资产负债表左方的资产结构如何,资产负债表右方的资金全部来源于长期资金,非流动负债与所有者权益的比例高低不影响这种结构形式。其形式如表 4-5 所示。

表 4-5 资产负债表

流动资产	临时性占用流动资产	非流动负债
	永久性占用流动资产	
非流动资产		所有者权益

从表 4-5 中可以看出,保守结构的主要标志是企业全部资产的资金依靠长期资金来满足。其结果是:①企业风险极低。从前面的风险分析中我们知道,筹资风险是建立在经营风险的基础之上的,只要企业资产经营不存在风险,其偿债风险就会消除。由于这一形式中的偿债风险极低,因此,即使提高长期资产比例,资产风险加大,两方综合起来,也会形成一方较大的风险被另一方极小的风险中和,而使企业风险降低,不至于导致企业通过清算资产偿还到期债务。②导致较高资金成本。相对于其他结构形式,这一形式的资金成本最高,但前提是短期债务成本低于长期债务成本。③筹资结构弹性弱。一旦企业进入用资淡季,对资金存量不易做出调整,尽管企业可以通过将闲置资金投资于短期证券市场来调节,但必须以存在完善的证券市场为前提,而且这种投资的收益也不一定能消除这种高成本的差异。

实务中这种形式很少被企业普遍采用。

2. 稳健结构

在稳健结构形式中,长期资产的资金需要依靠长期资金来解决,短期资产的资金需要则依靠长期资金和短期资金共同解决,长期资金和短期资金在满足短期资产的资金需要方面的比例不影响这一形式。其形式如表 4-6 所示。

表 4-6 资产负债表

流动资产	临时性占用流动资产	流动负债
	永久性占用流动资产	非流动负债
非流动资产		所有者权益

从表 4-6 可以看出,稳健结构的主要标志是企业流动资产的一部分资金需要由流动负债来满足,另一部分资金需要则由非流动负债来满足。其结果是:①足以使企业保持相当优异的财务信誉,通过流动资产的变现足以满足偿还短期债务的需要,企业风险较小。②企业可以通过调整流动负债与非流动负债的比例,使负债成本达到企业目标标准,相对于保守结构形式而言,这一形式的负债成本相对要低,并具有可调性。③无论是资产结构还是资本结构,都具有一定的弹性,特别是当临时性资产需要降低或消失时,可通过偿还短期债务或进行短期证券投资来调整,一旦临时性资产需要再生产时,又可以通过重新举借短期债务或出售短期证券来满足其所需。

这是一种能为所有企业普遍采用的资产与权益对称结构。

3. 平衡结构

在平衡结构形式中,以流动负债满足流动资产的资金需要,以非流动负债及所有者权益满足长期资产的资金需要,长期负债与所有者权益之间的比例不是判断这一结构形式的标志。其形式如表 4-7 所示。

表 4-7 资产负债表

流动资产	流动负债
非流动资产	非流动负债,所有者权益

平衡结构的主要标志是流动资产的资金需要全部依靠流动负债来满足。其结果是:①同样高的资产风险与筹资风险中和后,使企业风险均衡。②负债政策要依据资产结构变化进行调整,与其说负债结构制约负债成本,不如说资产结构制约负债成本。③存在潜在的风险。这一形式以资金变现时间和数量与偿债时间和数量相一致为前提,一旦两者出现时间上和数量上的差异,如营业收入未能按期取得现金,应收账款没能足额收回,短期证券以低于购入成本出售等,就会使企业产生资金周转困难,并有可能陷入财务危机。

这一结构形式只适用于经营状况良好,具有较好成长性的企业,但要特别注意这一结构形式的非稳定性特点。

4. 风险结构

在风险结构形式中,流动负债不仅用于满足流动资产的资金需要,而且还用于满足部分长期资产的资金需要,这一结构形式不因流动负债在多大程度上满足长期资产的资金需要而改变。其形式如表 4-8 所示。

表 4-8 资产负债表

流动资产	流动负债
非流动资产	非流动负债 所有者权益

风险结构的主要标志是以短期资金来满足部分长期资产的资金需要。其结果是:①财务风险较大,较高的资产风险与较高的筹资风险不能匹配。流动负债和长期资产在流动性上并不对称,如果通过长期资产的变现,来偿还短期内到期的债务,必然会给企业带来沉重的偿债压力,从而要求企业极大地提高资产的流动性。②相对于其他结构形式,其负债成本最低。③企业存在"黑字破产"的潜在危险,由于企业时刻面临偿债的压力,一旦市场发生变动,或意外事件发生,就可能引发企业资产经营风险,使企业因资金周转不灵而陷入财务困境,造成企业因不能偿还到期债务而"黑字破产"。

这一结构形式只适用于处在发展壮大时期的企业,而且只能在短期内采用。

第四节 资产负债表项目分析

一、主要资产项目分析

(一)流动资产项目分析

1. 货币资金

货币资金是企业在生产经营过程中停留在货币形态的那部分资产,包括库存现金、银行存款和其他货币资金。货币资金是企业流动性最强的资产,但也是企业获利能力最差的资产。企业货币资金越多,说明企业的支付能力和财务适应能力越强;反之,货币资金越少,企业的支付能力和财务适应能力就越差。当然,货币资金过多,会导致企业资金的闲置,影响企业资金的利用效果。因此,企业应根据自身的实际情况确定一个合理的货币资金持有量。

货币资金占用合理性分析的要点如下:

第一,企业的资产规模和业务收支规模的大小与货币资金持有量之间的关系。一般来说,企业资产规模越大,货币资金的持有量越高。业务收支越频繁的企业,处于货币形态的资金越多。

第二,行业的特点。不同行业的企业,货币资金的合理结构是有差异的。即便是在相同的总资产规模条件下,其货币资金规模也不可能相同。

第三,企业筹资能力。如果企业筹资能力强,在资本市场上比较容易筹集到资金,在此情况下,企业可以保持较低规模的货币资金数额。

第四,货币资金内部控制制度的完善程度。企业若有完善的货币资金内部控制制度,可以对货币资金收支的全过程进行控制,如客户的选择、销售折扣与现金折扣的决策、付款条件的决定、具体收付款的环节等,则企业可以保持较低规模的货币资金水平。

第五,货币资金的运作能力。若企业货币资金的运作能力强,资金调度灵活,就可减少货币资金占用量;若企业货币资金的运作能力差,难以根据需要及时调度资金,就需要保持较高的货币资金持有量。

此外,应注意会计报表附注中披露的不能随时用于支付的银行存款和其他货币资金。因为这部分货币资金会减弱企业资产的流动性,对此应予重视,以正确评价企业资产的流动性及其短期偿债能力。

目前,上市公司资金闲置问题日渐突出,造成目前这种状况的主要原因有两点:第一是筹资渠道的多元化,有配股、增发新股、发行可转换债券、发行公司债、银行贷款等多种形式;第二是上市公司经营活动创造现金的能力日益增强。同时,公司用于投资的现金支出力度不够,这一现象应引起足够的重视。

2. 交易性金融资产

交易性金融资产是指企业准备在近期内出售而持有的金融资产,包括股票、债券和基金。企业拥有交易性金融资产的目的主要是利用闲置的货币资金,购入随时能够变现的有价证券,以获得高于银行存款利息率的收益。交易性金融资产是企业货币资金的后备来源,与货币资金一样,交易性金融资产越多,企业的支付能力和财务适应性越强。

交易性金融资产分析要点如下:

第一,分析有价证券的性质。作为交易性金融资产的有价证券应是有明确的市价并能够在公开市场交易,作为企业剩余资金的存放形式并保持其流动性和获利性。分析时要注意不属于交易性金融资产范围的有价证券是否列入了交易性金融资产,如果有,应将其剔除。

第二,交易性金融资产的规模分析。交易性金融资产是利用企业闲置的资金进行运作,如果企业交易性金融资产的规模过大,势必会影响企业的正常经营活动。有时企业可能为了提高短期偿债能力而将长期投资作为交易性金融资产进行核算。分析时,应考虑企业交易性金融资产的规模,有无长期投资短期化现象。如果有,在分析时应该剔除。

第三,由于交易性金融资产是企业购买的有价证券,其风险要比货币资金大,尤其是在证券市场不完善的时期。对此,分析时要注意风险防范情况。

第四,期末交易性金融资产计价和披露。由于企业的交易性金融资产价值波动较大,因此,企业在持有以公允价值入账,且其变动计入当期损益的金融资产期间取得的利息或现金股利,应当确认为投资收益。分析时应关注会计报表附注中有关交易性金融资产的计价以及损益的确定。

3. 应收账款

应收账款是指企业因赊销商品、材料、提供劳务等,应向购货单位收取的款项。应收账款是企业为扩大销售规模而采用的一种赊销方式。应收账款是企业的一项债权,是企业的一项重要资产。应收账款占总资产的比重过大,将会影响企业资金周转速度,增加发生坏账的可能性。因此,应收账款是企业财务分析中的重点分析对象。

应收账款分析要点如下:

(1) 应收账款规模的分析

企业采取赊销方式,应收账款增加,有利于扩大销售,增加利润,但同时也会产生应收账款占用的机会成本、坏账损失、收账费用。因此,应收账款的规模受诸多因素的影响,在进行应收账款分析时,应结合企业的行业特点、经营方式、信用政策等方面,特别应结合内部管理,尤其是信用政策来分析。

(2) 坏账损失的分析

基于应收账款信用风险较大,按照谨慎性原则的要求,对应收账款应该计提坏账准备金,以防范由于货款长期拖欠甚至无法收回给企业带来的损失。因此,应收账款分析,应分析坏账准备的计提范围、计提方法、提取比例的合理性,以防企业随意计提而虚增或虚减应收账款净额或利润。

(3) 应收账款质量的分析

一般来说,企业应收账款比重过大的原因主要有:在金融形势紧张的情况下,赊购是一种筹措资金的方式,购货单位希望采取这种方式来筹措资金;企业为扩大销售而放宽信用条件;企业应收账款管理不力,造成应收账款不能及时收回。对于应收账款应从四个方面进行质量分析:

第一,账龄分析,即对应收账款占用期限以及发生坏账的可能性进行分析,为企业制定和调整信用政策、组织和催收应收账款提供依据。

第二,对债务人的构成情况,如债务人的区域构成、与债权人的关联关系、业务稳定程度等方面进行分析。

第三,对长期挂账的应收账款予以密切关注,是否有抽逃注册资金等违规行为隐蔽于应收账款中,防止潜在亏损风险的发生。

第四,应注意企业是否有利用应收账款调节利润的行为。

4. 预付账款

预付账款是指企业为了购买商品、材料等而向供货单位预先支付的款项,是企业的一项特殊的流动资产。这项资金被对方无偿占用,因此,预付账款越少越好。预付账款与应收账款一样,也是企业的一种债权。不同之处在于应收账款通过收回货币资金实现其债权，预付账款通过收回货物实现其债权。企业是否会发生预付账款取决于其所处的市场环境，一般来说，在商品、材料供不应求的情况下，企业为了保证生产经营活动的顺利开展，预付账款发生的可能性会增大；反之，则预付账款发生的可能性小。因此，预付账款分析，应结合市场环境分析。如果企业处于买方市场的状态下，而预付账款的数额过大，说明企业的理财过程中存在问题。预付账款的主要风险取决于债务人的信用。通常，预付账款的账龄是在1年以内，实务中的预付账款一般在3个月以内，超过1年的预付账款就几乎可以肯定存在异常。因此，在资产负债表上发现存在超过1年的预付账款就应当警惕。因为这种情况的发生往往表示企业的资金以预付的名义被占用转移，企业资产面临较大的风险。

5. 其他应收款

其他应收款是指企业发生的非购销活动的应收债权，包括企业应收的各种赔款、存出保证金、备用金以及应向职工收取的各种垫付款项等。一般地，如果企业生产经营活动正常，其他应收款数额不应过大。

在实际工作中，一些企业常常把其他应收款作为企业调整成本费用和利润的手段。因此，分析其他应收款时，最主要的是观察其他应收款的增减变动趋势。如果企业的其他应收款余额过大，甚至超过应收账款，就应注意分析是否存在操纵利润的现象。

6. 存货

存货是指企业在生产经营活动中为销售或耗用而储存的各种资产，包括商品、产成品、半成品、在产品以及各类材料、燃料、包装物、低值易耗品。企业中存货占流动资产的比重较大，其管理的好坏直接影响企业的损益。企业保持适当的存货，有利于组织均衡生产，保证原材料的供应，满足销售。但是如果存货过多，会增加成本，影响流动资金的周转，不便于企业灵活地应付市场的变化。存货分析的最终目的在于：在保证企业正常经营活动需要的前提下，尽量减少存货资金的占用。

存货分析的要点如下：

（1）存货质量的分析

存货质量的好坏直接影响企业资金周转速度的快慢。对于存货质量，可以从存货的物理质量和时效状况两个方面进行分析。比如，存货是否具备正常的销售状况，是否在存货储存期限之内，等等。

（2）存货计价分析

存货发出采用不同的计价方法，对企业财务状况、盈亏情况会产生不同的影响，主要表现在以下三个方面：

第一，存货计价对企业损益的影响。期末存货如果计价过低，当期的收益减少；期末存货如果计价过高，当期收益增加。因此，分析存货时，应分析企业是否有利用改变存货计价方法调节利润的现象。

第二，存货计价对资产负债表有关项目的影响。存货计价方法直接影响流动资产总额、所有者权益等项目，分析时应引起重视。

第三，存货计价方法对所得税的影响。不同的计价方法，结转的当期销售成本不同，影响当期应纳税所得额，从而影响当期应交所得税。因此，在进行存货项目分析时，要对企业会计报表附注中揭示的会计政策给予特别关注。

(3) 存货结构分析

存货结构是指材料在产品、产成品占存货的比例。正常情况下，存货结构应保持相对的稳定。一般在制造业中，材料存货、在产品存货所占的比重应大些，而产成品存货的比重则尽可能小些。分析时，如发现存货比重变化较大，则应进一步查明原因。

除以上各项以外，企业的流动资产还包括应收票据、应收股利、应收利息、待摊费用、其他流动资产等，这些项目如果数额不大，可进行一般的分析。如果数额较大，则应作为重点项目进行分析，如待摊费用过大，应查明是否有人为调节利润的情况。

（二）非流动资产项目分析

1. 长期股权投资

长期股权投资是指企业持有的不能或不准备在1年内变现的股权投资。企业进行长期股权投资的目的在于保持被投资企业的控制权；通过多元化经营来降低经营风险，稳定经营收益；或是为将来某些特定目的积累资金。

长期股权投资一般占用的资金时间长，数额大，对企业资金结构和经济效益影响较大。因此，对长期股权投资的分析重点在于长期股权投资的合理性和效益性。

长期股权投资的分析要点如下：

(1) 长期股权投资数量和规模的分析

从企业所拥有的长期股权投资的数量和规模，可分析企业对被投资企业的实际控制权。同时，可以分析企业的扩张能力和未来的发展前景。

(2) 长期股权投资方案合理性分析

长期股权投资方案合理与否，关键看是否有较高的收益，是否可以分散风险，安全性如何。长期股权投资对象应选择盈利能力较强并有发展前景的投资项目。因此，分析长期股权投资时，要注意项目的获利能力。

(3) 对企业资本结构和长期偿债能力影响的分析

长期股权投资的资金占用额较大，投资期限较长，其效益在短期内很难反映出来，而且长期投资的资金占用在一定程度上会削弱企业资产的流动性，直接影响企业的短期偿债能力。如果企业长期股权投资规模较大，也有可能是企业为了弥补长期股权投资造成的资金缺口，采取举债等方式筹集资金，从而影响企业的资本结构，削弱企业长期偿债能力。分析时，在考虑增加长期股权投资收益的同时，也应分析长期股权投资对企业资本结构和长期偿债能力的影响。

2. 固定资产

固定资产是指企业使用期限长、单位价值高、在使用中不改变其实物形态的资产。企业的固定资产是生产经营过程中必不可少的物质条件，企业拥有的固定资产数量和质量，是企业经济实力和生产发展水平的标志。由于固定资产周转期较长，企业所拥有的固定资产越多，在总资产中的比重越大，企业资产的流动性和变现能力就越差。一般来说，固定资产的规模和结构与企业所处的行业性质直接相关。进行固定资产分析，其目的在于促使企业合理使用固定资产，充分发挥固定资产的生产能力，提高固定资产的运用效果，并在一定的固定资产规模下，增加企业的盈利。

固定资产分析的要点如下：

（1）固定资产规模分析

企业进行固定资产规模分析时，应将本企业固定资产规模与同类企业相比，看是否存在较大的差距。如果企业固定资产规模小于同类企业的规模，则表明企业生产能力较弱。当然，企业的固定资产规模与当前所处经济发展时期相关。不同的经济发展时期，企业固定资产具有不同的规模特征。

（2）固定资产构成分析

生产用固定资产和非生产用固定资产是固定资产的两大主要组成部分。生产用固定资产特别是其中的机器设备，同企业生产经营直接相关，在全部资产中占较大的比重；非生产用固定资产与生产经营间接相关。因此，固定资产增长应遵循"优先生产用固定资产增长"的原则。未使用和不须用固定资产会降低资产的使用效率，对这类固定资产应该查明原因，采取措施，积极处理，将其数量降到最低限度。

（3）固定资产会计政策分析

固定资产会计政策主要是指计提固定资产折旧和固定资产减值准备两个方面。由于计提固定资产折旧和固定资产减值准备具有一定的灵活性，如何进行固定资产折旧以及如何计提固定资产减值准备，会给固定资产账面价值带来很大的影响，应注意利用固定资产会计政策选择的灵活性虚增或虚减固定资产账面价值和利润的现象。财务分析人员必须认真分析固定资产会计政策，正确评价固定资产会计政策，正确评价固定资产账面价值的真实性。固定资产折旧的分析包括以下两方面：

第一，分析企业固定资产预计使用年限和预计净残值确定的合理性。分析时，应注意固定资产预计使用年限和预计净残值的估计是否符合国家有关规定。因为固定资产预计使用年限的长短和预计净残值的大小，会影响折旧费用的高低，从而影响企业损益。若固定资产预计使用年限和预计净残值不符合企业的实际情况和制度规定，将导致会计信息失真。因此，报表使用者在分析时应持谨慎态度。

第二，分析企业固定资产折旧方法的合理性。企业会计制度规定，企业应当根据科技发展、环境及其他因素，选择合理的折旧方法。折旧方法一经确定不能随意改动，分析时，应结合报表附注判断企业有无利用折旧方法的改变来调整固定资产净值和利润的现象。

二、主要负债项目分析

1. 短期借款

短期借款数量的多少，往往取决于企业生产经营和业务活动对流动资金的需要量、现有流动资产的沉淀和短缺情况等。企业应结合短期借款的使用情况和使用效果分析该项目。为了满足流动资产的资金需求，一定数量的短期借款是必需的，但如果数量过大，超过企业的实际需要，不仅会影响资金利用效率，还会因超出企业的偿债能力而给企业的持续发展带来不利影响。短期借款适度与否，可以根据流动负债的总量、当前的现金流量状况和对企业未来会计期间现金流量的预期来确定。

短期借款发生变化，其原因不外乎两大方面：生产经营需要；企业负债筹资政策变化。其具体变动的原因可归纳为：

第一，流动资产资金需要，特别是临时性占用流动资产需要发生变化。当季节性或临时性需要产生时，企业就可能通过举借短期借款来满足其资金需要：当这种季节性或临时性需要消除时，企业就会偿还这部分短期借款，从而造成短期借款的变化。

第二，节约利息支出。一般来说，短期借款的利率低于长期借款和长期债券的利率，举借短期借款相对于长期借款来说，可以减少利息支出。

第三，调整负债结构和财务风险。企业增加短期借款，就可以相对减少对非流动负债的需求，使企业负债结构发生变化。相对于非流动负债而言，短期借款具有风险大、利率低的特点，负债结构变化将会使负债成本和财务风险发生相应的变化。

第四，增加企业资金弹性。短期借款可以随借随还，有利于企业对资金存量进行调整。

2. 应付账款及应付票据

应付账款及应付票据因商品交易产生，其变动原因有：
（1）企业销售规模的变动

当企业销售规模扩大时，会增加存货需求，使应付账款及应付票据等债务规模扩大；反之，会使其降低。

（2）充分利用无成本资金

应付账款及应付票据是因商业信用产生的一种无资金成本或资金成本极低的资金来源，企业在遵守财务制度、维护企业信誉的条件下充分加以利用，可以减少其他筹资方式的筹资数量，节约利息支出。

（3）提供商业信用的企业的信用政策发生变化

如果其他企业放宽信用政策和收账政策，企业应付账款和应付票据的规模就会大些；反之，就会小些。

（4）企业资金的充裕程度

企业资金相对充裕，应付账款和应付票据的规模就小些，当企业资金比较紧张时，就会影响到应付账款和应付票据的清欠。

在市场经济条件下，企业之间相互提供商业信用是正常的。利用应付票据和应付账款进行资金融通，基本上可以说是无代价的融资方式，但企业应注意合理使用，以避免造成企业信誉损失。

3. 应交税费和应付股利

应交税费反映企业应交未交的各种税金和附加费，包括流转税、所得税和各种附加费。交纳税金是每个企业应尽的法定义务，企业应按有关规定及时、足额交纳。应纳税费的变动与企业营业收入、利润的变动相关，分析时应注意查明企业是否有拖欠国家税款的现象。

应付股利反映企业应向投资者支付而未付的现金股利，是因企业宣告分派现金股利而形成的一项负债。支付股利需要大量现金，企业应在股利支付日之前做好支付准备。

4. 其他应付款

其他应付款分析的重点是：①其他应付款规模与变动是否正常；②是否存在企业长期占用关联方企业资金的现象。分析应结合财务报表附注提供的资料进行。例如：华夏公司本年其他应付款余额高达 198 753.5 元，较上年增加了 19 353.5 元，增长率为 10.79%，应对其合理性做进一步分析。

5. 长期借款

影响长期借款变动的因素有：
（1）银行信贷政策及资金市场的资金供求状况。
（2）为了满足企业对资金的长期需要。
（3）保持企业权益结构的稳定性。
（4）调整企业负债结构和财务风险。

第五章 企业财务状况表分析

第一节 利润表分析

一、利润表分析概述

利润表分析是分析企业通过组织收入、控制成本费用支出而实现盈利的能力，评价企业的经营成果。同时还可以通过收支结构和业务结构分析，评价各专业业绩成长对公司总体效益的贡献，以及不同分公司经营成果对公司总体盈利水平的贡献。通过利润表分析，可以评价企业的可持续发展能力，它反映了企业的盈利水平，是上市公司的投资者关注的重点。

（一）利润表分析目的

利润表分析的一般目的就是集中分析企业盈利的多少、盈利水平的高低、获取利润的渠道与方式的合理性以及盈利能力的稳定性和持久性。具体包括：

1. 正确评价企业一定时期的经营业绩

利润是企业一定时期经营业绩的集中表现和核心内容，它是评价企业一定时期经营业绩的主要指标。企业能否获取利润、能够获取多少利润、如何获取利润是企业利害关系各方关心的主要问题，因此，利润表分析是正确评价企业一定时期的经营业绩的基本手段和方式。当然，在现代市场经济环境下，企业在特定时期或特定条件下，没有实现盈利或者盈利较少，也不能认为企业经营业绩就一定很差，企业利润的实现受到许多客观因素的影响。因此，应具体问题具体分析，以便正确评价企业经营业绩。

2. 及时准确发现企业经营管理中可能存在的问题

进行企业财务分析既可以总结成绩，也可以发现工作中存在的问题，特别是对照同行业先进企业或国际先进企业进行分析，就更容易发现经营管理中的不足和差距。因此，进行财务分析具有及时准确发现企业经营管理中可能存在的问题的积极作用。

3. 为企业经营管理提供决策依据

通过分析发现问题并剖析存在问题的原因，可以为进一步的财务及经营管理决策提供依据，使企业少走弯路，减少决策差错，提高决策的科学水平。

（二）利润表分析的内容

在明确利润表分析的目的基础上，利润表分析应依据利润表及相关信息进行。利润表分析主要包括以下内容：

1. 利润表综合分析

利润表综合分析主要是对利润主表各项利润的增减变动、利润结构变动及营业利润进行分析。

（1）利润增减变动分析

通过对利润表进行水平分析，从利润的形成角度，反映利润的变动情况，揭示企业在利润形成过程中的管理业绩及存在的问题。

（2）利润结构变动分析

利润结构变动分析主要是在对利润表进行垂直分析的基础上，揭示各项利润及成本费用与收入的关系，以反映企业的各环节的利润构成、利润及成本费用水平。

（3）营业利润分析

营业利润分析反映企业营业利润金额的增减变动，揭示影响营业利润的主要因素。

2. 利润表分部分析

利润表分部分析主要是对分部报告和产品销售利润因素变动情况进行分析。

（1）分部报告分析

通过对分部报告的分析，反映企业各经营分部的经营状况和成果，为加强企业内部组织结构、管理要求，优化产业结构，完善内部报告制度，进行战略调整指明方向。

（2）产品销售利润因素分析

产品销售利润因素分析包括影响产品销售利润的因素、产品销售利润因素分析方法，并通过案例分析进一步揭示各因素变动对产品销售利润的影响，从而分清生产经营中的成绩与问题。

3. 利润表分项分析

利润表分项分析主要是根据利润表附表所提供的详细信息，进一步分析说明企业利润表中重要项目的变动情况，深入揭示利润形成的主观原因与客观原因。具体包括企业收入分析、成本费用分析、资产减值损失分析、投资收益分析等。此外，还可以根据企业利润表的资料，对一些重要项目进行深入分析。

二、利润表综合分析

（一）编制利润水平分析表

水平分析表的编制采用增减变动额和增减变动百分比两种方式。编制利润水平分析表，如表 5-1 所示。

表 5-1　华夏公司利润水平分析表

项目	2×16 年度（元）	2×15 年度（元）	增减额（元）	增减率
一、营业收入	1 841 361.49	1 661 640.56	179 720.93	10.82%
减：营业成本	1 691 594.69	1 495 073.99	196 520.70	13.14%
税金及附加	36 908.26	34 112.51	2 795.75	8.20%
销售费用	34 392.00	38 374.00	－3 982.00	－10.38%
管理费用	73 665.71	62 355.80	11 309.91	18.14%
财务费用	18 765.02	18 604.16	160.86	0.86%
资产减值损失				
加：公允价值变动收益				
投资净收益	20 000.00	1 000.00	19 000.00	1 900.00%
其中：对联营企业和合营企业的投资收益				
二、营业利润	6 035.81	14 120.10	－8 084.29	－57.25%
加：营业外收入	20 000.00	30 000.00	－10 000.00	－33.33%
减：营业外支出	10 000.00	40 000.00	－30 000.00	－75.00%
其中：非流动资产处置损失				
三、利润总额	16 035.81	4 120.10	11 915.71	289.21%
减：所得税费用	4 008.95	1 030.03	2 978.92	289.21%
四、净利润	12 026.86	3 090.07	8 936.79	289.21%
五、每股收益				
（一）基本每股收益	0.60	0.60	0	0
（二）稀释每股收益	0.60	0.60	0	0

其中：增减额＝本期金额－上期金额；增减率＝增减额÷上期金额×100%。

通过对表 5-1 的利润组成项目的变动百分比进行绝对值增减变动分析，可以清晰地看出利润各形成要素的增减变化情况及对净利润的影响程度。

1. 净利润分析

净利润是企业获得的最终财务成果，是可供企业所有者使用或分配的财务成果。华夏公司 2×16 年实现净利润 12 026.86 元，较 2×15 年增加了 8 936.79 元，增幅为 289.21%。公司净利润的增长主要是利润总额比上年增加了 289.21% 引起的；由于所得税费用也较上年增加了 289.21%，两者相抵，导致净利润比上年增加了 289.21%。

2. 利润总额分析

利润总额反映了企业全部活动的财务成果，它不仅包括营业利润，而且还有非流动资产处置损益及营业外收支净额等一系列财务数据。华夏公司 2×16 年利润总额较 2×15 年增加了 11 915.71 元，增幅为 289.21%。而该公司 2×16 年营业外净支出较上年减少了 20 000 元，降幅为 41.67%，而利润总额只增加了 11 915.71 元，这就意味着营业利润减少影响了利润总额增长。

3. 营业利润分析

营业利润反映了企业自身正常经营活动取得的财务成果，它的大小不仅受到营业收入、营业成本以及期间费用的影响，还受到资产减值损失、公允价值变动损益和投资收益的影响，是综合收益观的体现。该公司的营业利润比上年减少了 8 084.29 元，降低了 57.25%。虽然营业收入较上年增加了 10.32%，销售费用较上年减少了 10.38%，投资收益较上年增加了 1 900.00%，是有利因素，但营业成本、管理费用的增长幅度都大于营业收入增加的幅度，而且税金及附加和财务费用都较上年有所增加。几种情况增减相抵，营业利润减少了 8 084.29 元。

（二）利润结构变动分析

1. 分析资料与方法选择

分析方法采用垂直分析法，即根据利润表中的资料，通过计算各因素或各种财务成果在销售收入中所占的比重，分析说明财务成果的结构及其增减变动的合理程度。

2. 编制利润垂直分析表

编制利润垂直分析表，如表 5-2 所示。

表 5-2 华夏公司利润垂直分析表

项目	2×16 年	2×15 年	增减率
一、营业收入	100%	100%	0
减：营业成本	91.87%	89.98%	1.89%
税金及附加	2.00%	2.05%	−0.05%
销售费用	1.87%	2.31%	−0.44%
管理费用	4.00%	3.75%	0.25%
财务费用	1.02%	1.12%	−0.10%
资产减值损失			
加：公允价值变动净收益			
投资净收益	1.09%	0.06%	1.03%
其中：对联营企业和合营企业的投资收益			
二、营业利润	0.33%	0.85%	−0.52%
加：营业外收入	1.09%	1.81%	−0.72%
减：营业外支出	0.54%	2.41%	−1.86%
其中：非流动资产处置损失			
三、利润总额	0.87%	0.25%	0.62%
减：所得税费用	0.22%	0.06%	0.16%
四、净利润	0.65%	0.19%	0.47%

表 5-2 的数据可以从两个角度进行分析：其一是纵向分析，即分析同年度利润表的结构性数据所表现出来的构成比例的合理程度；其二是横向分析，即分析各年度哪些具体因素导致了企业经营业绩的变化，以及它们各自的影响程度。

（1）纵向分析

从纵向分析上看，2×16 年营业收入毛利率为 8.13%（100%—91.87%），较 2×15 年的 10.02%（100%—89.98%）下降了 1.89%，这表明华夏公司主营业务及其他业务的市场能力有所下降。营业利润占营业收入的比重为 0.33%，比上年度的 0.85% 下降了 0.52%；本年度利润总额的构成为 0.87%，比上年度 0.25% 增长了 0.62%；本年度净利润的构成 0.65%，比上年度 0.19% 增长了 0.47%。从利润的构成情况看，华夏公司盈利能力比上年度略有提高，但是营业利润、利润总额及净利润占营业收入的比重较低，说明该公司的成本控制水平有待提高。

（2）横向分析

从横向分析上看，营业成本、管理费用上升是营业利润构成降低的根本原因。营业成本在营业收入比重已经较高的情况下，依然呈上涨趋势。不过投资净收益比重上升、销售费用和营业外支出的减少，对企业营业利润、利润总额和净利润都带来一定的有利影响。

（三）营业利润分析

营业利润是指企业营业收入与营业成本及税费、期间费用、资产减值损失、资产变动净收益之间的差额。它既包括企业的主营业务利润和其他业务利润，又包括企业公允价值变动净收益和对外投资的投资收益，它反映了企业自身生产经营业务的财务成果。编制营业利润分析表，如表 5-3 所示。

表 5-3　华夏公司利润水平分析表

项目	2×16 年度（元）	2×15 年度（元）	增减额（元）	增减率
一、营业收入	1 841 361.49	1 661 640.56	179 720.93	10.82%
减：营业成本	1 691 594.69	1 495 073.99	196 520.70	13.14%
二、营业毛利	149 766.80	166 566.57	−16 799.77	−2.33%
税金及附加	36 908.26	34 112.51	2 795.75	8.20%
销售费用	34392.00	38 374.00	−3 982.00	−10.38%
管理费用	73 665.71	62 355.80	11 309.91	18.14%
财务费用	18 765.02	18 604.16	160.86	0.86%
资产减值损失				
加：公允价值变动收益				
投资收益	20 000.00	1 000.00	19 000.00	1900.00%
三、营业利润	6 035.81	14 120.10	−8 084.29	−57.25%

营业利润增减变动水平分析评价应包括以下几个方面：

I. 营业利润分析

华夏公司 2×16 年实现的营业利润为 6 035.81 元，较 2×15 年减少了 8 084.29 元，降幅为57.25%，减少幅度较大。虽然该企业的营业收入比上年增长了10.32%、投资收益比上年增长了1 900%、销售费用比上年减少了10.38%，但是该企业的营业成本、税金及附加、管理费用、销售费用都较上年有所增加，而且营业成本和管理费用增长的幅度超过了营业收入的增长幅度，从而导致了营业利润减少了8 084.29元。

2.营业毛利分析

营业毛利是指企业营业收入与营业成本之间的差额。2×16年，华夏公司营业毛利比上年减少了16 799.77元，降幅为2.33%，最关键的因素是营业成本大幅增加，由2×15年度的1 495 073.99元增加为1 691 594.69元，增幅为13.14%；营业收入由2×15年度的1 661 640.56元增加为1 841 361.49元，增幅为10.32%；增减相抵，导致营业毛利减少了16 799.77元。

三、利润表分部分析

（一）分部报告分析

分部报告是利润表的附表之一，是反映企业各经营分部的收入、成本、费用、营业利润、资产总额和负债总额等情况的报表。分析分部报告信息，能够帮助会计信息使用者更好地理解企业以往的经营业绩，更好地评估企业的风险和报酬，从而更好地把握企业整体的经营情况，对未来的发展趋势做出合理的预期。

根据《企业会计准则解释第3号》，企业应当以内部组织结构、管理要求、内部报告制度为依据确定经营分部，以经营分部为基础确定报告分部，并按规定披露分部信息。原有关确定地区分部和业务分部以及按照主要报告形式、次要报告形式披露分部信息的规定不再执行。

1.业务分部报告分析

业务分部是指企业内可区分的，能够提供单项或一组相关产品或劳务的组成部分。业务分部报告分析包括业务分部增减变动分析和业务分部结构变动分析。

（1）业务分部增减变动分析

业务分部增减变动分析可运用水平分析法。华夏公司的业务1和业务2两个分部的营业收入都占公司所有分部营业收入合计的10%以上，符合纳入分部报表编制范围的条件，所以我们以华夏公司的业务1和业务2为例，编制业务分部水平分析表，如表5-4所示。

表 5-4 业务分部水平分析表

项目	业务1（元） 本年	业务1（元） 上年	业务1（元） 差额	业务2（元） 本年	业务2（元） 上年	业务2（元） 差额	本年（元） 业务1	本年（元） 业务2	本年（元） 差额
一、营业收入	276 204	249 246	26 958	202 551	182 780	19 771	276 204	202 551	73 653
其中：对外营业收入	203 716	148 842	54 874	151 913	127 946	23 967	203 716	151 913	51 803
分部间营业收入	72 488	100 404	−27 916	50 638	54 834	−4 196	72 488	50 638	21 850
二、营业费用	230 768	214 725	16 043	169 636	170 589	−953	230 768	169 636	61 132
三、营业利润（亏损）	45 436	34 521	10 915	32 915	12 191	20 724	45 436	32 915	12 521
四、资产总额	551 728	552 400	−672	263 315	263 630	−315	551 728	263 315	288 413
五、负债总额	137 932	147 491	−9 559	96 110	108 010	−11 900	137 932	96 110	41 822
六、补充信息	149 449	133 418	16 031	68 462	63 798	4 664	149 449	68 462	80 987
1.折旧和摊销	16 552	16 572	−20	10 533	10 545	−12	16 552	10 533	6 019
2.资本性支出	6 000	6 366	—366	5 266	5 800	−534	6 000	5 266	734
3.折旧和摊销以外的非现金费用	126 897	110 480	16 417	52 663	47 453	5 210	126 897	52 663	74 234

根据表 5-4 分析评价如下：

第一，业务 1 本年实现的营业利润为 45 436 元，比上年度增长了 10 915 元，从水平分析表看，本年营业利润增长的原因主要是收入增加。由于业务 1 的本年营业收入为 276 204 元，比上年增长了 26 958 元，本年的营业费用比上年度增加了 16 043 元，两者相抵，本年营业利净增了 10 915 元。

第二，业务 2 本年实现的营业利润为 32 915 元，比上年度增长了 20 724 元，从水平分析表看，其增长的原因不仅在于收入增加，更重要的是营业费用的下降。业务 2 本年的营业费用为 169 636 元，比上年度降低了 953 元，是本年度营业利润增长的原因之一。从负债总额来看，业务 2 本年的负债要比上年度减少 11 900 元，所以本年度营业费用的下降，很可能是由财务费用的下降引起的。

第三，本年度业务 1 的营业利润为 45 436 元，要比业务 2 多 12 521 元，从资产总额和负债总额来看，业务 1 的资产、负债都比业务 2 高，可见业务 1 的经营规模较大，其创造收入的能力也较强。从补充信息来看，由于业务 1 的资产规模大于业务 2，因此，其折旧和摊销费用、资本性支出、折旧和摊销以外的非现金费用都高于业务 2。至于资产的盈利能力、资产的利用效果如何，还有待进一步分析。

(2) 业务分部结构变动分析

业务分部结构变动分析可运用垂直分析法进行。以华夏公司的业务 1 和业务 2 为例，编制业务分部垂直分析表，如表 5-5 所示。

表 5-5　业务分部垂直分析表

项目	业务 1（元） 本年	业务 1（元） 上年	业务 2（元） 本年	业务 2（元） 上年
一、营业收入	100.00	100.00	100.00	100.00
其中：对外营业收入	73.76	59.72	75.00	70.00
分部间营业收入	26.24	40.28	25.00	30.00
二、营业费用	83.55	86.15	86.75	93.33
三、营业利润（亏损）	16.45	13.85	13.25	6.67
四、资产总额	100.00	100.00	100.00	100.00
五、负债总额	25.00	26.70	36.50	40.97
六、补充信息				
1.折旧和摊销				
2.资本性支出				
3.折旧和摊销以外的非现金费用				

根据表 5-5 分析评价如下：

第一，业务 1 本年的营业利润占营业收入的比重为 16.45%，比上年度的 13.85% 增长了 2.6%；业务 2 本年的营业利润占营业收入的比重为 13.25%，比上年度的 6.67% 增长了 6.58%，可见，业务 1 和业务 2 本年的盈利能力比上年度都有所提高，但提高的原因各不相同。从营业利润的结构增长来看，业务 1 本年的营业费用占营业收入的比重为 83.55%，比上年度的 86.15% 下降了 2.6%；而业务 2 本年营业费用占营业收入的比重为 86.75%，比上年度的 93.33% 下降了 6.58%。这说明成本费用的下降是业务 1 和业务 2 本年利润提高的主要原因。

第二，从资产负债率来看，业务 2 本年的资产负债率为 36.5%，比上年度的 40.97% 下降了 4.47%，所以业务 2 本年利润提高的主要原因在于营业费用的下降，至于营业费用中哪一部分费用的下降对本年利润的提高起主导作用，还有待于进一步分析。另外，无论是本年度还是上年度，业务 1 的营业利润占营业收入的比重都比业务 2 要高，可见业务 1 的盈利能力要强于业务 2。

2. 地区分部报告分析

(1) 地区分部增减变动分析

地区分部报告是分部报告的次要报告形式。同样运用水平分析法对地区分部增减变动进行分析。以华夏公司的地区1和地区2为例，编制地区分部水平分析表，如表5-6所示。

表5-6 地区分部水平分析表

项目	地区1（元）本年	地区1（元）上年	地区1（元）差额	地区2（元）本年	地区2（元）上年	地区2（元）差额	本年（元）地区1	本年（元）地区2	本年（元）差额
一、营业收入	276 204	245 196	31 008	176 976	173 206	3 770	276 204	176 976	99 228
其中：对外营业收入	227 454	192 822	34 632	129 635	122 335	7 300	227 454	129 635	97 819
分部间营业收入	48 750	52 374	-3 624	47 341	50 871	-3 530	48 750	47 341	1 409
二、营业费用	236 652	219 819	16 833	178 710	157 236	21 474	236 652	178 710	57 942
三、营业利润（亏损）	39 552	25 378	14 174	-1 734	15 970	-17 704	39 552	-1 734	41 286
四、资产总额	475 488	477 281	-1 793	371 190	386 038	-14 848	475 488	371 190	104 298
五、负债总额	191 907	182 083	9 824	207 421	140 325	67 096	191 907	207 421	-15 514
六、补充信息	129 616	76 380	53 236	88 361	79 945	8 416	129 616	88 361	41 255
1.折旧和摊销	14 247	16 814	-2 567	5 752	5 079	673	14 247	5 752	8 495
2.资本性支出	4 503	14 612	-10 109	3 530	2 378	1 152	4 503	3 530	973
3.折旧和摊销以外的非现金费用	110 866	44 954	65 912	79 079	72 488	6 591	110 866	79 079	31 787

根据表5-6分析评价如下：

第一，地区1本年实现的营业利润为39 552元，比上年度增长了14 174元，增长的原因主要是由于业务量扩大使收入增加。地区1的本年营业收入为276 204元，比上年增长了31 008元，本年的营业费用为236 652元，比上年增长了16 833元，两者相抵，本年营业利润增长了14 174元。

第二，地区2本年实现的营业利润为-1 734元，比上年度下降了17 704元，通过水平分析可以看出，其下降不是由收入引起的，而是营业费用的大幅度上升造成的。地区2本年的营业费用为178 710元，比上年度增长了21 474元，上升幅度较大，使地区2本年出现亏损。至于营业费用中哪一部分费用大幅度上升对营业利润的下降起了主导作用，还有待于进一步分析。

第三，本年度地区1的营业利润为39 552元，要比地区2多41 286元，从资产总额和负债总额来看，地区1的资产总额比地区2资产总额多104 298元，而负债却比地区2少15 514元。可见地区1的经营规模较大，创造收入的能力较强，所以地区1的利润远大于地区2。从补充信息来看，地区1按照权责发生制计算的折旧和摊销费用、资本性支出以及折旧和摊销以外的非现金费用均大于地区2。至于资产的盈利能力和营运能力，还有待进一步分析。

(2) 地区分部结构变动分析

地区分部结构变动分析可运用垂直分析法进行。以华夏公司的地区1和地区2为例，编制业务分部垂直分析表，如表5-7所示。

表5-7 地区分部垂直分析表

项目	地区1（元）本年	地区1（元）上年	地区2（元）本年	地区2（元）上年
一、营业收入	100.00	100.00	100.00	100.00
其中：对外营业收入	82.35	78.64	73.25	70.63
分部间营业收入	17.65	21.36	26.75	29.37
二、营业费用	85.68	89.65	100.98	90.78
三、营业利润（亏损）	14.32	10.35	-0.98	9.22
四、资产总额	100.00	100.00	100.00	100.00
五、负债总额	40.36	38.15	55.88	36.35
六、补充信息				
1.折旧和摊销				
2.资本性支出				
3.折旧和摊销以外的非现金费用				

通过对表5-7进行分析可知，地区1本年的营业利润占营业收入的比重为14.32%，比上年度的10.35%增加了3.97%，增长的幅度不大，增长的原因主要是营业费用占营业收入的比重略有下降，由上年度的89.65%降为本年的85.68%，下降了3.97%；地区2本年的营业利润占营业收入的比重为-0.98%，比上年度的9.22%增加了10.2%，下降幅度较大，主要是由本年营业费用占营业收入的比重比上年度增长了10.2%引起的。再进一步分析地区2本年的资产负债率可知，地区2本年的资产负债率为55.88%，比上年度的36.35%上升了19.53%，负债规模的扩大必然导致财务费用负担加重，从而使地区2营业费用上升，营业利润下降。通过两个地区的比较可以看出，无论本年度还是上年度，地区1的营业利润占营业收入的比重都比地区2要高，可见地区1的盈利能力要强于地区2。

第二节　现金流量表分析

一、现金流量表分析概述

（一）现金流量表的相关概念

现金流量表是以收付实现制为基础编制的，反映企业在一定会计期间内现金及现金等价物流入和流出信息的一张动态报表。现金流量表的主要目的是反映企业会计期间内经营活动、投资活动和筹资活动等对现金及现金等价物所产生的影响。我国企业从1998年开始编制现金流量表，以取代原来的财务状况变动表。现金流量表是以现金为基础编制的财务状况变动表，它不仅反映了企业一定时期的净现金流量，更重要的是揭示了企业一定时期净现金流量形成的原因，配合资产负债表和利润表的分析，可以充分反映企业当前的财务状况和经营业绩状况。

现金流量表中的"现金"是一个广义的概念，包括现金和现金等价物两部分。会计上所说的现金通常指企业的库存现金，而现金流量表中的"现金"不仅包括"库存现金"账户核算的库存现金，还包括企业"银行存款"账户核算的存入金融企业、随时可以用于支付的存款，也包括"其他货币资金"账户核算的外埠存款、银行汇票存款、银行本票存款和在途货币资金等其他货币资金。现金等价物是指企业持有的期限短、流动性强、易于转换为已知金额现金，价值变动风险很小的投资。其中，期限较短，一般是指从购买日起3个月内到期，如可在证券市场上流通的3个月内到期的短期债券投资等。现金等价物虽然不是现金，但其支付能力与现金的差别不大，可视为现金。如企业为保证支付能力，必须持有必要现金，为了不使现金闲置，可以购买短期债券，在需要现金时，随时可以变现。权益性投资变现的金额通常不确定，因而不属于现金等价物。

现金流量是指企业某一时期内现金和现金等价物流入和流出的数量。在这里，流量是一个相对于存量的概念。存量是某一时点的数据，如会计核算中的余额；流量是一定期间内所发生的数据，如会计核算中的发生额。现金流量根据企业经济活动的性质，通常分为经营活动现金流量、投资活动现金流量和筹资活动现金流量。每一类活动的现金流量又具体分为现金流入量、现金流出量和现金净流量三个部分。

（二）现金流量表的结构

现金流量表的结构主要包括正表和附注两部分。我国企业现金流量表的正表采用直接法进行编制。在直接法下，对各类活动引起的现金流量的确认直接根据有关账户记录分析填列。

现金流量表的正表包括表头和主要内容。表头应标明报表名称、编制单位的名称、编制时间和金额单位。主要内容有六个方面，即：经营活动产生的现金流量、投资活动产生的现金流量、筹资活动产生的现金流量、汇率变动对现金及现金等价物的影响、现金及现金等价物净增加额、期末现金及现金等价物余额。

（三）现金流量表分析的目的

资产负债表可以反映企业在某一会计期末的财务状况，却无法揭示其形成原因。利润表能够揭示企业经营成果，却无法保证企业利润全部以现金方式实现，无法对现金的实际运用情况具体描述。现金流量表可以弥补上述两表分析之不足。现金流量表分析是以现金流量表为主要信息来源，利用多种分析方法，揭示企业现金流量的信息，并从现金流量角度对企业财务状况和经营业绩做出评价。现金流量表的分析，具有以下几方面的目的：

1. 从动态上了解企业现金变动情况及变动原因

在资产负债表中"货币资金"项目反映了企业一定时期现金变动的结果，是静态上的现金存量，企业的现金存量从期初到期末是怎样发生变化的，企业从哪里取得现金，又将现金用于哪些方面，只有通过现金流量表的分析，才能从动态上说明现金的变动情况，并揭示现金变动的原因。

2. 判断企业获取现金的能力

现金余额是企业现金流动的结果，并不表明现金流量的大小，通过对现金流量表进行现金流量分析，能够对企业获取现金的能力做出判断。

3. 分析企业收益的质量

通常，企业的净利润与其净现金流量呈同向变动关系，即净利润增加，净现金流入也应增加；反之亦然。但企业在某一会计期间实现的净利润并不正好与当期经营活动产生的现金流量相等，以致有些年份有净利而无现金，有些年份则刚好相反。现金流量表分析本期净利润与经营活动产生的现金流量之间的差异及原因，便于投资者、债权人更合理预测未来的现金流量。

4. 预测企业未来的成长能力

通过现金流量表及其他财务信息，可以了解企业现金的来源和用途是否合理，了解企业是从外部筹措资金来扩大经营规模，还是收回投资支付到期债务缩短经营规模，从而对企业未来的发展趋势和成长能力进行预测。

（四）现金流量表分析的内容

基于以上目的，现金流量表的分析主要包括以下内容。

1. 现金流量表水平分析

现金流量表水平分析通过分别对各类现金流量项目的增减额和增减率的计算，分析本期现金流量与上期相比较的增减变动情况和增减变动的原因，了解本期与上期比较现金流量的变化情况。

2. 现金流量表结构分析

现金流量表结构分析通过对企业的现金流入结构、现金流出结构和现金净流量结构的分析，来揭示企业现金流量的结构状况及其变动情况。

3. 现金流量表项目分析

现金流量表项目分析通过对现金流量表中各项活动的各个项目加以比较、分析和评价，了解企业的财务状况和现金流量情况，发现存在的问题，从而为决策提供有用信息。

二、现金流量表结构分析

现金流量表结构分析是指对现金流量的各个组成部分占总体的比重进行分析，目的在于揭示现金流入量、现金流出量和现金净流量的结构情况，抓住企业现金流量管理的重点。分析方法为垂直分析法。现金流量的结构分析主要包括现金流入结构、现金流出结构和现金净流量结构的分析。

（一）现金流入结构分析

现金流入结构分析反映企业现金总流入结构和各项业务活动现金流入结构，即企业全部现金流入中，经营活动、投资活动、筹资活动产生的现金流入在全部现金流入中所占的比重，以及各项业务活动现金流入中具体项目的构成情况。通过现金流入结构的分析，企业的信息需求者可以了解企业现金来自什么渠道，据以判断和评价现金流入的合理性，明确增加现金流入的措施和途径。

在企业现金流入量总额中，经营活动现金流入所占比重通常较高。因为经营活动产生的现金流入是体现企业主营业务创现金流的能力。经营活动的现金流入越多，企业发展的稳定性越强，但对主营业务并不突出的企业或投资性企业而言，并不是必然的。所以应根据企业的实际情况，区别对待。

此外，企业的不同风险偏好也会对现金流入产生一定影响。稳健型企业，经营活动现金流入比重较大，投资活动和筹资活动的现金流入比重可能较小；激进型企业，努力筹资并积极寻找投资机会，可能造成企业在某一特定时期筹资活动和投资活动的现金流入比例较大，甚至超过经营活动的现金流入比例。

（二）现金流出结构分析

现金流出结构是反映企业全部现金流出中，经营活动、投资活动、筹资活动产生的现金流出在全部现金流出中所占的比重，以及各项业务活动现金流出中具体项目的构成情况。通过现金流出结构的分析，企业的信息需求者可以了解企业现金使用的方向，据以分析和评价现金流出的合理性，提高现金管理的有效性。

在企业现金流出中，经营活动现金流出，如购买商品、接受劳务等活动支出的现金往往占较大比重，投资活动和筹资活动的现金流出则因企业的财务政策不同而存在很大差异。一般而言，经营活动现金流出具有一定的稳定性，而投资活动和筹资活动现金流出的稳定性较差，甚至有一定偶发性，随着交付投资款、偿还到期债务、支付股利等活动的发生，当期该类活动的现金流出便会剧增。因此，分析企业现金流出结构在不同时期难以采用统一标准，应结合具体情况具体分析。

（三）现金净流量结构分析

现金净流量结构是指企业经营活动、投资活动、筹资活动产生的现金净流量在现金流量总额中所占的比重。通过净现金流量结构的分析，企业的信息需求者可以了解企业现金净流量形成的原因，判断企业的现金收支是否平衡。

一般而言，企业现金流量净额越大，企业越有活力。如果企业现金流量净额主要来自经营活动产生，说明企业生产和销售状况好、获取现金能力强、发生坏账的风险小；如果企业现金流量净额主要来自投资活动，可能说明企业生产能力正在衰退，需要通过处置非流动资产来缓解资金紧张，也可能是企业正在调整资产结构；如果企业现金流量净额主要来自筹资活动，说明企业正从外部筹集大量资金，今后将支付更多的股利或利息，财务风险也将更大。

现金流量净额也可能是负数，即现金流出大于现金流入。在这种情况下，不能简单地下结论说企业获取现金的能力弱，而应视不同的情况进行分析。如这个负值主要是由于企业扩大投资引起的，则可能说明企业在更新设备或增强生产能力等，这并不意味着企业经营能力不佳，反而说明企业存在更多的发展机会；但如果现金流量净额负数是由经营活动引起的，并且投资活动、筹资活动的现金流入无法满足经营活动的现金需求，则会影响企业的偿债能力，甚至企业的生存。所以，企业的信息需求者应针对不同情况，具体展开分析。

在进行现金流量表的结构分析时，还要注意企业所处的发展阶段，各种结构比例在企业的不同发展阶段，会表现出不同的特点。一般来讲，处于初创期的企业，流入结构中筹资活动会占较大比重，流出结构中投资活动占较大比重；处于成长期的企业，经营活动流入增加，所占比重会增大，筹资活动流入已经下降，但还占一定的份额，投资活动现金流出大幅下降，但小额投资仍在继续；在成熟期，占现金流入比重较大的是经营活动现金流量，筹资现金流出增加，因为大量债务到了偿还期，分红比例也在提高，而投资支出基本停止，大量投资进入回收期，投资活动流入会大量增加；在衰退期，经营活动现金流量明显减少，筹资活动又可能需要大量的现金，企业可能需要依靠收回投资来回收资金，此时企业必须调整投资方向，以获得新的经营活动现金流入。

第三节 所有者权益变动表分析

一、所有者权益变动分析概论

（一）所有者权益变动表的内涵

所有者权益是指企业资产扣除负债后，由所有者享有的"剩余权益"，又称股东权益或净资产。它是股东投资资本与经营留存收益的集合，是股东投资和公司发展实力的资本体现。

所有者权益变动表是反映企业在某一期间所有者权益的各组成部分增减变动情况的报表。它表明某一段时间内，企业的资产总额在抵偿了同期的一切债务后的差额，所有者享有的份额的变化。不仅包括所有者权益总额的增减变动，还包括所有者权益结构的变动。尤其是，所有者权益变动表对直接计入所有者权益的利得和损失的反映，有助于信息使用者对所有者权益增减变动根源的准确理解。所有者权益变动表反映的是资产负债表中所有者权益具体项目的变化过程，是一张动态报表，如图 5-1 所示。在会计期间内使得所有者权益产生变动的原因主要有三类：第一，股东投入资本与资本公积；第二，源自于企业的经营积累，包括企业经营取得的净利润，以及不包括在净利润中的直接计入所有者权益的利得和损失；第三，调整项目以及所有者权益各项目之间的结转，包括会计政策变更和前期差错调整，以及资本公积转增股本，从利润中提取盈余公积等内容。

所有者权益变动表实际体现出了企业的"全面收益"，即企业在某一会计期间通过生产经营活动引起的产权（净资产）变动，包括这一会计期间除去吸收投资和向投资人分配之外的一切变动。

所有者权益在某一期间的全部变动 = 期末净资产 - 期初净资产

= 某一期间的全面收益 + 该期间的投资人投资 - 该期间对投资人的分配

其中：全面收益包括了净利润和其他综合收益。图 5-1 为所有者权益变动表与资产负债表的关系。

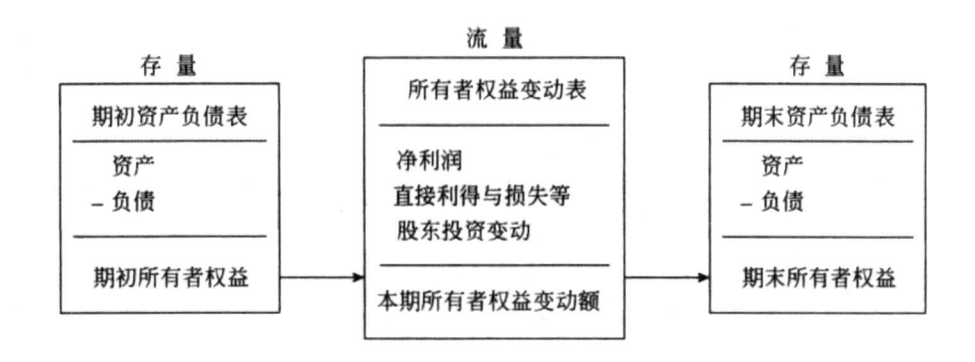

图 5-1　所有者权益变动表与资产负债表的关系

（二）所有者权益变动分析的目的与内容

1. 所有者权益变动表分析的目的

（1）解释所有者权益变动的原因。通过对所有者权益的来源及其变动情况的分析，可了解会计期间内影响所有者权益变动的具体原因，例如，找出引起企业所有者权益增减的内容，是来自于投资变化，还是经营所得。

（2）全面反映企业的经营业绩。尽管根据《企业会计准则解释第 3 号》的规定，企业需要在利润表"每股收益"项下增列"其他综合收益"项目和"综合收益总额"项目。但这两项与企业的税后净利润无关，其他综合收益的具体内容只有在所有者权益变动表中体现，反映出企业全面的经营业绩。

（3）反映企业股利分配政策及现金支付能力。作为资产负债表的进一步补充，所有者权益变动表反映出了企业股本、资本公积、盈余公积和未分配利润之间的内部转化关系，通过分析可了解到企业的股利分配策略（派现或分红），同时了解到企业的现金充裕程度和支付能力。

（4）反映企业抵御财务风险的能力。通过分析可了解企业再筹资方案等财务政策对所有者权益的影响。

（5）通过所有者权益表的分析，可以考察会计政策变更的合理性，以及会计差错更正的多少。判断构成所有者权益各个项目变动的合理性和合法性。

（6）为公允价值的运用创造条件。

2. 所有者权益变动表分析的内容

从报表反映的时间来看，所有者权益变动表列示了两个会计期间所有者权益各项目的变动情况，便于报表使用者对前后两个会计期间的所有者权益总额和各组成项目进行动态分析；从反映的项目来看，所有者权益变动表反映的内容包括：所有者权益各项目期初余额的确定，本期取得的、影响所有者权益增减变动的收益、利得和损失，所有者投入和减少资本引起的所有者权益的增减变化，利润分配引起的所有者权益的增减变化，所有者权益内部项目之间的相互转化等。主要分析的内容是本期各项目增减变动金额。表中各项目的主要关系如下：

本期期末余额＝本期期初余额＋本期增减变动金额

其中，本期期初余额＝上期期末余额＋会计政策变更＋前期差错更正

而本期增减变动金额＝净利润＋直接计入所有者权益的利得和损失＋所有者投入和减少资本＋利润分配＋所有者权益内部结转

对所有者权益变动表的分析，包括从期初到期末的规模变动分析、项目的构成分析、主要项目分析及股利政策对所有者权益影响的分析。

二、所有者权益变动表分析

（一）所有者权益变动表水平分析

分别将所有者权益变动表本期的总额和各项数据与上期的总额和各项数据进行横向对比，分析各项目的具体变化（增加或减少）幅度，以及引起变化的可能原因和合理性等。

（二）所有者权益变动表构成分析

所有者权益主要分为两部分，一部分是投资者投入资本，包括实收资本和资本公积；另一部分是生产过程中资本积累形成的留用利润，包括盈余公积和未分配利润。首先，这两部分的意义不同，投资人投入部分代表投资人的增资情况，利润和留存部分代表企业的盈利情况；其次，他们的资本成本往往也不同，由低到高的次序为：优先股资本成本、留用利润资本成本、普通股资本成本。

所有者权益变动表的垂直分析，是将所有者权益各个项目变动占所有者权益变动的比重计算出来，并进行分析评价，揭示公司当期所有者权益各个项目的比重及其变动情况，变动原因等。

（三）所有者权益变动表项目分析

所有者权益变动表主要由下列项目组成：

本期所有者权益变动额＝净利润
＋直接计入所有者权益的利得
－直接计入所有者权益的损失
＋会计政策变更和前期差错更正的影响
＋股东投入资本金额
－向股东分配的利润

1. 净利润

指企业本期的税后净收益，所有者权益的变化中如果包含净利润，说明企业的经营所得成为股东权益增长的缘由之一。企业盈利时，其净资产增加，对应地，其所有者权益也随之增加；如果企业亏损，或者在盈利时有向股东分配利润的话，企业净资产减少，其所有者权益也相应地减少。

2. 直接计入的利得与损失

指使得企业当期所有者权益发生变化的未实现的收益或损失，这些收益或损失与投资人的投入或向投资人分配无关，也没有计入当期损益，它是企业通过其他活动所形成的收益或损失。根据《企业会计准则解释第3号》的规定，这些收益或损失要以"其他综合收益"项在利润表的每股收益项下列示并综合反映，在所有者权益变动表中则对此做了具体的分类和披露，通常包括下列内容：

（1）可供出售金融资产公允价值变动额

可供出售金融资产，是指除货币和应收款项、持有至到期投资、以公允价值计量且其变动计入当期损益的金融资产以外的非衍生金融资产。在资产负债表日，金融资产都应按照公允价值计量，但对于可供出售的金融资产，其公允价值变动损益不是计入当期损益，而是计入所有者权益（资本公积）。

（2）固定资产或长期商业投资重估时产生的未实现损益

企业对固定资产或其他投资进行价值重估时，如果该项资产价值有增减，则所有者权益（资本公积）也将随之增减。但因资产价值的增减实际并未实现（除非出售），因此不存在利润表中的损益，而只在所有者权益变动中反映。

（3）权益法下被投资单位股东权益变动的影响

按照权益法记录长期股权投资的情况下，企业对于被投资企业净损益以外所有者权益的其他变动，在持股比例不变的情况下，应按照对被投资单位的持股比例，相应调整长期股权投资的账面价值，同时增加或减少资本公积。

（4）外币报表折算差额

外币报表折算差额是指将外币报表折算为本币报表时，由于报表的不同项目采用的折算汇率的不同而产生的资产与权益的差额，又称外币报表折算损益。假如折算后的资产负债表中总资产金额大于总权益的金额，那么这种资产的增加，既非投资的增加带来，也非实现的利润带来，是一种未实现的损益，因此直接体现在所有者权益的变化上（外币报表折算差额项目）。事实上，外币报表折算差额只是将以外币表示的资产、负债和所有者权益项目用另一种货币等值反映所产生的，本质上并不产生损益。此差额的大小，取决于所选用的折算方法、汇率变动的方向和程度、外币资产与外币负债的比例等因素。外币会计报表折算差额不同于外币业务汇兑损益。外币业务汇兑损益是在交易过程中或在期末采用现行汇率对外币项目进行折算产生的，而外币会计折算差额是在外币会计报表折算中产生的；汇兑损益既可能是已实现损益，也可能是未实现损益，而外币会计报表折算差额属于未实现损益。外币报表折算差额一般不在账簿中反映，只反映在报表中。

（5）计入所有者权益相关项目所得税的影响

如果某项交易或事项按照会计准则规定应当计入所有者权益的，该项交易或事项产生的递延所得税资产或递延所得税负债及其变化也应计入所有者权益而不是利润中。其他情况下的递延所得税资产或递延所得税负债都计入对应的所得税费用。

（6）其他影响资本公积的业务

包括由成本模式改为公允价值模式计量的投资性房地产、发行的可转换公司债券转为股票时、以及当期发生的同一控制下的企业合并等。

3. 所有者投入和向股东分配

（1）所有者投入资本

所有者投入资本指企业吸收的直接投资，企业根据投资者投入资本的形式，分别记录银行存款、固定资产、无形资产的增加，同时增加所有者权益中的实收资本或资本公积（资本溢价部分）。

（2）股份支付计入所有者权益的金额

股份有限公司通过发行股票吸收的投资资金。我国目前只允许股票溢价、等价发行，不能折价发行。发行股票吸收的货币资金票面价值部分计入"股本"账户，超出部分作为股本溢价记入"资本公积——股本溢价"。对于权益结算的股份支付，等待期不确认其后续公允价值的变动，只以授予日公允价值为准，每年年末计算并记录当期费用。在行权日根据行权情况确认股本和股本溢价，同时结转等待期的资本公积。具体账务处理如下。

（1）假设等待期为3年，每年年末会计分录

借：管理费用

贷：资本公积—其他资本公积

（2）3年后的行权日，根据实际情况所做会计分录

借：银行存款

资本公积—其他资本公积

贷：股本

资本公积—股本溢价

（3）向股东分配

投资人投入的资本在减掉企业向投资人的分红后的净额才是所有者权益真正吸收到的投资金额部分。对于股份有限公司来说，分红有两种形式：现金股利分红和股票股利分红。现金股利分红的结果使所有者权益减少的同时，资产随之减少（现金资产减少）或负债随之增加（应付股利增加）；股票股利分红的结果不会减少资产和所有者权益的总额，只是所有者权益的内部结构发生变化（未分配利润减少而股本增加）。

4. 其他与投资相关的对所有者权益变化的影响

当期归还的投资、发生的股票回购、股票套期保值的利得和损失等。

三、股利政策的影响分析

股利政策通常被认为是管理者用来传递公司未来信息的信号，董事会正式宣布公司未来的股利政策，必然会对公司的股票价格产生一定的影响。如果董事会宣布股利将被增加，结果将会导致股票价格的上涨和增强投资者对公司的投资信心；而如果股利削减则被认为公司未来的盈利水平下降，导致股价下跌。董事会正式宣布公司未来的股利政策后，公司就须在一段时间内保持该股利政策的稳定，即使盈利水平下降，也不能轻易削减股利。对股利政策的分析包括对股利分配政策的了解、对股利支付方式的类型及其优缺点的分析，以及利润分配项目分析，评价企业选择股利政策的适当性与合理性。

企业经常采用的股利政策包括以下几种类型：

第一，不分配股利政策。不分配股利政策是指不论企业年末是否有净利，都不向股东支付股利的一种股利政策。

第二，剩余股利政策。即在公司有好的投资机会时，根据一定的目标资本结构，测算出投资所需的权益资本金，先从盈余当中留用，然后将剩余的盈余作为股利予以分配的政策。

第三，固定或持续增长的股利政策。将每年发放的股利固定在某一固定的水平上并在较长的时期内不变，只有当公司认为未来盈余会显著地、不可逆转地增长时，才提高年度的股利发放额。不过，在通货膨胀的情况下，大多数公司的盈余会随之提高，且大多数投资者也希望公司能提供足以抵消通货膨胀不利影响的股利，因此在长期通货膨胀的年代里也会提高股利发放额。

第四，固定股利支付率政策。该政策是指企业每年按固定股利支付率从税后净利中支付股利的股利政策。

第五，低正常股利加额外股利政策。指企业保证每年都向股东支付固定的、数额较低的股利，当企业盈利状况较佳时，再根据实际情况向股东加付一部分额外股利的政策。这种股利政策灵活性较大，尤其是对那些利润水平各年之间浮动较大的企业，提供了一种较为理想的股利分配政策。

股利政策实际上体现着企业的分配方式，主要是企业股利与留存收益之间比例关系的确定。它受到企业的盈利能力、资产的流动性、资金的充裕程度和契约的限制等多种因素的影响。

从动态上来说，企业所采取的股利政策又与企业的生命周期相关，即企业的股利政策将随公司生命周期的变动而变动：初创期企业需要大量的资金投入，而且没有盈利或盈利较少，所以企业不发放股利；成长期企业的产品开始走向成熟，并且开始获利，但由于发展速度太快，仍需外界资金不断支持，所以为满足企业投资所需资金，在股利政策方面采用无股利或低股利政策；企业进入成熟期后增长速度开始放慢，扩张潜力有限，但获利水平相对稳定，所以会有相对较多的现金流量产生，通常增加股利发放；在企业进入衰颓期后，获利能力开始下降，现金流量依然较多，但企业的投资机会已经枯竭，所以这一阶段企业往往采用特殊股利或进行股票回购。

上市公司的股利政策不仅对市场产生影响，往往同样会使企业内部的资产、或权益结构发生变化，这些政策包括：现金股利与股票股利政策、股票分割、股票回购等。

(一) 不分配政策

不进行分红的企业政策，采用这种政策，通常原因在于：第一，注重股票的成长性，有利于公司未来发展；第二，暂不分配不等于不分配，而是分配时机和方案选择更加灵活，更完善地协调和处理好各投资方的利益；第三，减少股市投机成分，具有中长线诱惑力；第四，缓解了公司经营的资本周转不足的压力，提高了公司抵御风险的能力；第五，避免稀释股权。

(二) 现金股利政策

现金股利是公司支付现金作为股利的支付方式，又叫派现，是公司最常见的、最易被投资者接受的股利支付方式。

派现会导致公司现金流出，减少公司的资产和所有者权益规模，降低公司内部筹资的总量，既影响所有者权益内部结构，也影响整体资本结构。

派发现金股利的积极意义在于：一方面满足投资者对回报现实的期望，直接增加股东的当前利益，增强股东对公司的信心，给市场传递优势信息，有利于公司形象；另一方面也避免公司股本扩张太快，稀释每股收益的含金量。其缺点是：较多地支付现金股利，会减少公司的现金持有量，使资产的流动性降低。派发现金股利的政策适合已步入稳定发展期的公司。

以现金支付股利，既减少了公司的资产，也减少了所有者权益中留存收益的规模，改变了公司的负债比重，但不会影响公司流通在外的股票数量，不会稀释每股收益，但会使每股市值下降。

(三) 股票股利政策

1. 股票股利的含义

股票股利即送股，是指公司以增发的股票作为股利的支付方式。具体做法是：在公司注资阶段，以股东认购的股票作为股利支付，也可以发行新股的方式进行。

送股是一种比较特殊的股利形式，它不直接增加股东的财富，不会导致企业资产的流出或负债的增加，不影响公司的资产、负债及所有者权益总额的变化，所影响的只是所有者权益内部有关各项目及其结构的变化，即将未分配利润转为股本(面值)或资本公积(超面值溢价)。

采用股票股利代替现金股利的优点在于：第一，企业得以通过内部渠道筹集资金，既节约资金成本，还可使股东免交红利税；第二，从长远来说，把现金更多地留在企业用于扩大再生产，会成为股东未来收益的增长点。

采用股票股利的缺点是，对于宏观经济不理想、行业竞争激烈的某些公司，留存的巨额利润是否能够产生较高的收益令人怀疑，而且也毫无疑问地损害了投资者当前的利益。股票股利发放后，股票的每股市价和每股收益相应降低。

股票股利政策适于成长型、有扩展潜力、企业生命周期处于上升期的公司。

采用股票股利这种形式发放股利，既不影响公司的资产和负债，也不增加股东权益总额，仅仅是改变了所有者权益的内部结构。另外，发放股票股利后，公司流通在外的股票数量会相应增加，每股普通股权益将被稀释，从而会进一步影响到股票的市价发生变动。

2. 股票股利（送股）与资本公积转增股本的区别

（1）性质不同

虽然送股或转增股本对公司的所有者权益或净资产都不会产生影响，更不会影响总资产和总负债，投资者当年的权益不会因此增加，但转增股本每股留用利润要大于送股的每股留用利润。

（2）对投资者的回报不同

公积金转增资本不是公司对投资者的回报，投资者不能因此增加自己在公司中的权益；以税后利润送股则不同，投资者虽然无法获得现金股利，但它是公司对所有者的分红与回报。

（3）会计处理不同

公积金转增资本是投入资本不变，留用利润不变；而送股则会使投入资本增加，留用利润减少。

（1）资本公积转增资本的会计处理：

借：资本公积

贷：股本

（2）送股的会计处理：

借：利润分配—未分配利润

贷：股本

资本公积—股本溢价

（四）股票分割政策

股票分割（Stock Split）是指公司根据董事会的决定，将面值较大的股票拆成几张面值较小的股票的行为，又称为股票拆细。股票分割不属于股利分配，但与股票股利在效果上有一些相似之处：不影响公司的资产、负债及所有者权益的金额变化。与股票股利改变所有者权益的结构相比，股票分割不改变股权结构。

当股票的价格达到一定高的水平时，抑制了小额投资人的投资，往往会影响流通，基于此，公司为降低其股票市价将股票分割，降低面值，增加股份，从而降低股票市价。股票分割时，股本的面值总额及其他股东权益并不发生变化，因此不必做任何会计处理。

（五）股票回购政策

1. 股票回购的含义

股票回购（Stock Buyback）是指公司回购已发行的股票，准备注销或再次出售的行为。

回购价格一般高于市价，所以相当于将股利一次性支付给股东，属于间接的股利分配。回购后尚未注销的股票称为库存股（Treasury Stock）。

2. 股票回购对公司所有者权益的影响

股票回购的意义在于：第一，减少发行在外的流通股可以提高每股收益、稳定股价；第二，可以减少外部股东对公司的控制或影响；第三，运用库存股可以调整公司的资本结构，保证股东和债权人的利益。公司回购并注销股份，会导致总股本缩小，一般都会促使股价回升。但在经济不景气的、预计利润下降的情况下大量回购股票，可能造成公司资金短缺，加大财务风险。库存股在会计核算中是股本的减项而非公司的一项资产。

由上述会计分录可知，注销库存股实际上给企业带来的是资产（银行存款）的减少，以及股东权益（股本和资本公积）的减少。库存股不是公司的一项资产，而是所有者权益的减项；库存股的变动不影响损益，只影响权益。留存收益中相当于库存股的那部分股本应当单独列示，在公司再次发行库存股时，由此产生的收入与取得时的账面价值的差不会引起公司损益的变化，而是引起公司所有者权益的增加（资本公积 — 股本溢价）。

第六章 财务效率分析

第一节 偿债能力分析

一、偿债能力的内涵及衡量

财务比率分析是企业进行日常财务状况分析最为常用的一种方法。财务比率是指反映会计报表内在联系的比较分析指标。作为财务分析的工具，财务比率能够揭示会计报表提供的财务数据不能直接反映的相互关系，并据此对企业历史的偿债能力、盈利能力、营运能力及发展能力做出判断。

（一）偿债能力的内涵

企业偿债能力是指企业偿还自身所欠债务（含本金和利息）的能力。偿债能力分析则是对企业偿还到期债务能力的分析与评价。国际会计准则认为，"负债是指企业由于过去事项而承担的现时义务，该义务的履行预期会导致含有经济利益的资源流出企业"；而我国《企业会计制度》将其定义为"过去的交易、事项形成的现时义务，履行该义务预期会导致经济利益流出企业"。可见，负债的本质是"特定企业现时承担的、将在未来期间减少其获得经济利益能力的一种清偿责任"。

负债按其到期日的远近，可分为流动负债和长期负债两种类型。

一般而言，流动负债是指企业需在一年或一个营业周期内偿还的债务，如企业的短期借款、应付票据、应付账款、其他应付款、应付工资、应付福利费、应交税金、其他未付款、预提费用等。流动负债一般具有金额相对较小、偿还次数频繁等特点。

长期负债则是指偿还年限在一年以上或超过一年的一个营业周期以上的债务，包括长期借款、应付债券、长期应付款、其他长期负债等。长期负债一般具有金额较大、偿还期限较长的特点。

（二）偿债能力的衡量

偿债能力通常以变现性作为衡量的标准，分为短期偿债能力和长期偿债能力。企业偿还各种到期债务的能力大小，是决定企业财务状况优劣的基本要素之一，反映了企业财务状况的稳定性与企业生产经营的发展趋势。科学、合理地评价企业的偿债能力，既关系到企业财务风险乃至经营风险是否得以有效控制，又维系着与企业有利害关系的投资者、债权人及社会公众的经济利益。

短期偿债能力是企业以其流动资产支付短期负债的能力,长期偿债能力则是企业以其资产或劳务偿还长期负债的能力。长期负债在一定期限内将逐步转化为短期负债,因此,长期负债得以偿还的前提是企业具有较强的短期偿债能力,短期偿债能力是长期偿债能力的基础。企业短期偿债能力,对于企业的经营、发展乃至生存至关重要。企业短期偿债能力弱,意味着企业对其流动负债的偿还保障能力弱,企业信用受损,并进而影响企业的短期筹资能力,扩大筹资成本,对企业短期获利能力产生消极影响。

企业的长期偿债能力不仅受到短期偿债能力的影响,而且由于长期负债一般数额较大,其本金的偿还必须有一种积累的过程,因此,从长期来看,企业的长期偿债能力最终取决于企业的获利能力。

企业偿债能力可以从静态与动态两个方面来考察。从静态来看,企业偿债能力是指企业以其某一时点的资产清偿企业长短期债务的能力;从动态来看,企业偿债能力是指企业以其自身资产及经营过程创造的收益偿还企业长短期债务的能力。

二、短期偿债能力分析

(一)影响短期偿债能力的因素

从短期偿债能力对企业的影响可以看出,企业必须十分重视短期偿债能力的分析和研究。了解影响短期偿债能力的因素,对于分析企业短期偿债能力的变动情况、变动原因及促进企业短期偿债能力的提高是十分有用的。

影响短期偿债能力的因素,总的来说可以分为企业内部和企业外部因素。企业内部因素是指企业自身的经营业绩、资产结构、融资能力等因素。企业外部因素是指与企业所处经济环境相关的因素,如经济形势、证券市场的发育情况、银行的信贷政策等因素。具体归纳为以下几个方面:

1. 会计政策的影响

会计政策是指会计核算所应遵循的具体会计原则以及企业所用的具体会计处理方法。公司执行不同的会计政策,其所核算的财务数据也就不同,进而使反映的财务数据也就不会相同。其中与短期偿债能力相关的会计政策具体包括短期投资的期末计价方法、应收账款计价方法等。

2. 资产质量的影响

与短期偿债能力相关的资产质量问题,主要包括应收款项的可变现性及其潜在损失风险、存货的可变现性及其价值变动状况等。从理论上分析,资产变现能力强,损失风险小,表明其质量状况优良,短期偿债能力也相应较强,在这种情况下,根据财务数据所计算的短期偿债能力指标,较为客观可靠;反之,若资产的变现能力差的话,价值变动及损失风险大,表明其质量状况不佳,短期偿债能力也将因此下降,在这种情况下,根据财务报表数据统计计算的短期偿债能力指标将可能被高估。

3. 资产周转率的影响

在财务评价中，通常将资产周转率用作衡量公司的资产营运能力和管理效率，即资产的周转速度越快，说明公司对资产的营运能力越强，效率就会越高。然而资产周转率也是评价公司短期偿债能力所必须关注的重要因素。通常来说，资产周转率与短期偿债能力具有正向线性关系，即：资产周转速度越快，表明资产变现能力越强，从而对到期债务的支付能力也就越强；反之则会越弱。资产周转率在财务上通常是以特定资产周转率指标来衡量的，具体包括应收账款周转率、存货周转率、流动资产周转率和总资产周转率几个层次。短期偿债能力评价主要是考察特定流动资产与流动负债的相对关系，因此在分析资产周转率对短期偿债能力的影响时，也应主要从特定资产周转率方面考虑。

（二）短期偿债能力的分析指标、评价方法和评价标准

企业的短期偿债能力可通过下列指标来进行分析评价。

1. 流动比率

（1）流动比率的含义

流动比率是流动资产与流动负债进行对比所确定的比率。流动资产是指在一年或长于一年的一个营业周期内可变现或运用的资产，主要包括现金、短期投资、应收及预付款项和存货。流动负债是指在一年内或长于一年的一个营业周期内偿还的债务，主要包括短期借款、应付及预收款、应付票据、应交税金、应交利润、应付股利以及短期内到期的长期负债。其计算公式为

流动比率 = 流动资产 / 流动负债

（2）流动比率的影响因素

一般而言，流动比率的高低与营业周期有关。营业周期越短，则材料、在产品等存货库存较少，应收账款周转速度也较快，流动比率相对较低；反之，营业周期较长的企业，其存货规模必然较大，应收账款的周转速度也较慢，因而流动比率也必然较高。例如，一般地说，制造类企业的平均营业周期要长于贸易类企业，因而前者的流动比率通常要高于后者。正因为如此，在进行流动比率分析时，与行业平均水平进行比较是十分必要的，跨行业的比较需要适当谨慎，即使同一企业在不同时期，如销售旺季和淡季，流动比率也会有较大的差别。因此，对流动比率的分析要根据企业的性质和实际情况来评价，不能一概而论。同时，运用流动比率还应结合其他指标进行综合分析。企业流动资产与流动负债的匹配方式有多种，这主要取决于企业对收益与风险的态度。具体有以下三种：

（1）激进型：流动负债不仅满足临时性流动资产的资金需要，还要解决部分永久性流动资产的需要，资本成本较低，但财务风险较大。此时，企业的流动比率接近于1。

（2）保守型：流动负债只满足部分临时性流动资产的需要，另一部分临时性流动资产和永久性流动资产均由长期负债和自有资本作为其资金来源。资本成本较高，资产投资回报率较低，但财务风险较低。此时，企业的流动比率大于2。

（3）适中型：临时性流动资产用流动负债筹资来解决，对于永久性流动资产和长期资产则用长期负债和自有资本来解决资金需求。此时，企业的流动比率接近于2。

流动比率的横向或纵向比较，只能反映高低差异，但不能解释原因。欲知原因，则须具体分析应收账款、存货及流动负债水平的高低。如果应收账款或存货的量不少，但其流动性（即周转效率）存在问题，则应要求更高的流动比率，因为此时的流动比率值（实际上是指其分子）是含有水分的。

（3）流动比率的评价方法

由于流动比率逐渐被大众分析者所认可，因此，报表制作者为了达到某种目的，往往使用一些简单的办法便可以使该指标表现出所希望的状态（良好或很差）。比如，某商业企业在年底进了一批代销的货物，那么在做账时，流动资产与流动负债将同时增加（该笔数值）。这样一来，如果记入当年账务，则流动比率公式的分母（流动负债）增幅大于分子（流动资产）增幅，流动比率将有所下降；如果记入下一年度财务，则流动比率便将显得稍高一些。

（1）流动比率高低反映企业承受流动资产贬值能力和偿还中、短期债务能力的强弱；

（2）流动比率越高，表明企业投入生产经营的营运资本越多，企业偿还债务的能力就越强；

（3）一般认为比率值为2时比较合理，但要求中国企业流动比率达到2对大多数企业不实际；

（4）在正常情况下，部分行业的流动比率参考数值如表6-1所示。

表6-1　部分行业流动比率参考值统计表

行业	汽车	房地产	制药	建材	化工	家电	啤酒	计算机
流动比率	1.1	1.2	1.25	1.25	1.2	1.5	1.75	2

2. 速动比率

（1）速动比率的含义

速动比率是由速动资产和流动负债对比所确定的比率。速动资产是指能迅速转化为现金的资产，主要包括现金、短期投资、应收及预付款项等，即流动资产减去存货。其计算公式为：

速动比率＝速动资产/流动负债×100%

之所以要在流动比率之外，再以速动比率来说明企业的短期偿债能力，就是因为流动资产中的存货可能存在流动性问题，即缺乏正常的变现能力。因此，流动比率即便看起来很正常（即在2∶1左右），但速动比率偏低，那么，公司的实际短期偿债能力依然存在问题。速动比率的经验值为1∶1，意味着存货占流动资产的适当比例应该为50%左右。存货比例过高且变现有困难时，就意味着可用于偿还流动负债的速动资产过少。由此可见，速动比率更能体现借款人短期偿债能力的大小，评价速动比率的标准是1。具体运用时还要参考借款人的经营性质等。

(2) 速动比率的影响因素

在分析速动比率时还要注意，速动比率虽然剔除了变现能力较弱的存货资产，但速动资产中的应收账款本身也可能存在一些潜在的问题，如可能隐藏着未冲销的坏账、逾期待催收的账款所占比重过大等，这些都会影响速动比率的真实性。因此，还应当对应收账款的质量做进一步分析。另外，还要注意的是，速动比率衡量的是企业面临财务危机或者办理清算时，在存货等资产全无市场价值的情况下，以速动资产支付流动负债的短期偿债能力，是衡量企业在应付紧急情况下的应变能力，不要以为速动比率低，企业就失去了偿债能力。在进行速动比率分析时，还应对速动资产的结构与速动资产的变动趋势进行必要的分析，注意与本企业历史年份的资料进行比较以及与同行业的平均水平进行比较。

在速动比率的计算中，还可以考虑扣除预付款及待摊费用等，形成更为保守的速动比率，即：

保守速动＝（现金及现金等价物－有价证券＋应收账款净额）/流动负债

(3) 速动比率的评价方法

需要注意的是，在有些行业或公司，很少发生赊销业务，故而很少存在应收账款。在这种情况下，速动比率往往低于经验标准，但这并不一定意味着缺乏短期偿债能力。换言之，在几乎没有应收账款的情况下，如果流动比率为正常，速动比率就一定显著地低于经验值。但这未必是个问题，只要存货周转正常即可。一般认为，企业速动比率为1时比较安全。

流（速）动比率有以下几点不足：

第一，各行业的存货流动性和变现性有较大差别，流动比率指标不能反映由于流动资产中存货不等造成的偿债能力差别，因此需要用存货周转天数指标补充说明。

第二，在计算流动比率时包括变现能力较差的存货和无法变现的待摊费用，影响了该指标评价短期偿债能力的可靠性，需要用速动比率指标做补充。

第三，流（速）动比率不能反映企业的日现金流量。

第四，流（速）动比率只反映报告日期的静态状况，企业很容易通过一些临时措施或账面处理，形成账面指标不实。如虚列应收账款、少提准备、提前确认销售或将下一年度赊销提前列账、少转销售成本等。

第五，流（速）动比率不能量化地反映潜在的变现能力因素和短期债务。

3. 现金比率

(1) 现金比率的含义

现金比率是可立即动用的资金与流动负债进行对比所确定的比率。可立即动用的资金主要是库存现金和银行活期存款，如果企业持有的短期有价证券的变现能力极强，也可看作是可立即动用的资金。其计算公式为：

现金比率＝可立即动用的资金/流动负债×100%

(2) 现金比率的影响因素及评价方法

现金比率是最保守的短期偿债能力比率。在通常情况下，分析者很少重视这一指标。如果企业的流动性不得不依赖现金和有价证券，而不是依赖应收账款和存货的变现，那么就意味着企业已处于财务困境,因此,该比率只有在企业处于财务困境时,才是一个适当的比率。=在企业已将应收账款和存货作为抵押品的情况下,或者分析者怀疑企业的应收账款和存货存在流动性问题时,以该指标评价企业短期偿债能力是比较适当的选择。就正常情况下的企业而言,这一指标越高,说明企业的短期偿债能力越强。该比率过高,可能意味着该企业没有充分利用现金资源,当然,也有可能是因为已经有了现金使用计划(如厂房扩建等)。

4. 现金净流量比率

现金净流量比率是现金净流量与流动负债进行对比所确定的比率,反映企业用每年的现金净流量偿还到期债务的能力。现金净流量是年度内现金流入量扣减现金流出量的金额,可通过企业的现金流量表获得。其计算公式为:

现金净流量比率=现金净流量/流动负债×100%

这一指标越高,说明企业支付当期债务的能力越强,企业财务状况越好;反之,则说明企业支付当期债务的能力较差。

三、长期偿债能力分析

全面分析企业的偿债能力,除了分析短期偿债能力以外,还要对企业的长期偿债能力进行分析和评价,以便于做出正确的信贷决策和投资决策。对企业长期偿债能力进行分析通常采用比率分析的方法,涉及的主要财务指标有资产负债率、产权比率、有形净值债务比率和利息保障倍数等。

企业对一笔债务要负两种责任:一是偿还债务本金的责任,二是支付债务利息的责任。因此,公司的长期偿债能力表现为还本能力和付息能力两个方面,可以分别从资产负债表和损益表的角度分析。损益表的分析侧重于反映公司的付息能力,主要指标是利息保障倍数;而资产负债表的分析则侧重于对资本结构的反映,主要包括资产负债率、产权比率等指标。

(一)影响长期偿债能力的因素

1. 会计政策与会计估计的影响

会计政策对企业长期偿债能力有重要影响,具体表现为:
(1) 投资的期末计价方法对长期偿债能力的影响

公司对外投资期末可以选择的计价方法主要有两种,即成本法和成本与市价孰低法。当投资的成本等于或低于市价时,无论采用何种方法计价,对长期偿债能力指标的影响都是相同的。但在投资市价低于其成本的情况下,选择成本与市价孰低法计价投资,与成本法比较,必将使得期末投资价值及资产总额相对较低,据以计算的资产负债率指标相对较高。不仅如此,由于所确认的跌价损失冲减了投资收益,使得利润总额相对减少,据以计算的已获利息倍数也相对较低。

(2) 存货计价方法对长期偿债能力的影响

存货计价的方法主要有先进先出法、加权平均法、后进先出法和成本与市价孰低法等。其中前三种计价方法均是以历史成本为基础的计价方法，即按这些方法计量的期末存货价值均是存货的历史成本，而成本与市价孰低法则是偏离历史成本基础的计量方法。与上述投资的分析同理，当期末存货的历史成本确定时，若成本等于或低于市价时，选择成本与市价孰低法计价存货对偿债能力指标的影响与成本法相同；而当期末成本高于市价时，选择成本与市价孰低法计价存货，相对于成本而言，无疑也将使所计算的资产负债率相对较高、已获利息倍数较低。在物价下跌期间，选择后进先出法计价存货对长期偿债能力指标的影响则刚好相反。

(3) 折旧方法对长期偿债能力的影响

固定资产折旧可供选择的方法主要是平均折旧法和加速折旧法两种。当固定资产原始规模一定时，所选择的方法不同，各个期间的折旧费及固定资产净值也就不同。但无论采用何种方法，在固定资产的预计折旧年限内，应计提的折旧总额是一定的，因此，折旧方法的选择，对长期偿债能力指标的影响主要体现在固定资产使用的不同时期，长期偿债能力指标具有不同性质的差异。具体地说，选择加速折旧法，相对于平均折旧法而言，固定资产使用前期的折旧费较高，固定资产净值下降较快，从而使据以计算的资产负债率的上升幅度相对较大，已获利息倍数相对较低。随着已使用年限的增加，至使用后期将会出现加速折旧法的年折旧费小于平均折旧法的年折旧费，从而使据以计算的已获利息倍数相对较高。但从资产负债率看，则取决于固定资产的净值状况，即当按加速折旧法的年末净值高于按直线法确定的净值时，加速折旧法下的资产负债率低于直线法下的资产负债率；反之，加速折旧法下的折旧率就将高于直线折旧法下的折旧率。

(4) 股权投资收益核算方法对长期偿债能力的影响

股权投资收益的核算方法主要有成本法和权益法两种，其中：权益法是根据被投资企业实现净收益及投资比例，确认投资收益并调整长期股权投资的方法；成本法则是在实际收到股利时确认投资收益，并调整货币性资产的方法。在权益法下，公司资产中的长期股权投资及利润表中的投资收益将随被投资企业盈亏情况而相应变化；而在成本法下，上述两项是随被投资企业的股利分配情况而变化。一般而言，当被投资企业实现净收益时，按权益法确认的收益及调整的资产将高于按成本法确认的收益和确认的资产，从而使根据权益法核算结果计算的资产负债率相对较低，已获得利息倍数较高；而当被投资企业发生亏损时，则情况相反。按权益法需冲减收益并调整资产，而成本法则不做处理，因此根据权益法核算结果所计算的资产负债率趋于上升，已获利息倍数趋于下降，而成本法却能维持原有指标水平。

(5) 会计估计对企业长期偿债能力的影响

影响公司的长期偿债能力的会计估计主要有长期投资减损估计、固定资产折旧年限及残值估计、无形资产摊销估计等。会计估计不同，据以计价的资产额和确定的收益额也就不同，进而也就会影响到长期偿债能力指标，比如，应收账款坏账及长期投资减值的估计额愈高，由此确定的资产和利润愈低，据以计算的资产负债愈高，已获利息倍数愈低，反之则相反。再如，固定资产折旧及无形资产摊销的估计年限愈长，各年的折旧及摊销费也就愈低，由此确定的各年资产减值的幅度愈小，收益额愈大，长期偿债能力指标中的资产负债率将会因此降低，已获利息倍数相对较高，反之则相反。又如，固定资产折旧及无形资产摊销的估计年限愈长，各年的折旧及摊销费也就愈低，由此确定的各年资产减值的幅度也就愈小，收益额也就愈大，长期偿债能力指标中的资产负债率将会因此变得相对愈低，已获利息倍数相对较高，反之则相反。

总之，公司会计政策及会计估计对长期偿债能力指标值的影响是客观的，我们在比较不同企业以及同一企业在不同的期间长期偿债能力指标时，必须关注会计政策及会计估计的差异及变化，以便能够获得客观的评估结论。

2. 资产质量的影响

资产质量是影响公司长期偿债能力的又一重要因素。一般来说，公司的资产质量愈高，根据报表数据计算的偿债能力指标与实际偿债能力的吻合程度也就愈高；反之，若资产质量不佳，则偿债能力指标将不能代表其实际偿债能力，并且资产质量愈差，这种偏差就愈大。

影响公司长期偿债能力的资产质量主要是指长期资产的质量状况，这些长期资产包括长期投资、固定资产、无形资产等。

（二）长期偿债能力的分析指标、评价方法和评价标准

企业长期偿债能力与企业的盈利能力、资金结构有十分密切的关系。企业长期偿债能力可通过下列指标来进行分析：

1. 资产负债率

（1）资产负债率的含义

资产负债率又称负债比率或负债对资产的比率，是企业的负债总额与资产总额进行对比所确定的比率。企业的资产总额也就是企业的全部资金总额。其计算公式为"

资产负债率 = 负债总额 / 资产总额 ×100%

（2）资产负债率的影响因素及评价方法

各利益主体因不同的利益驱动而从不同的角度评价资产负债率。

第一，对企业债权人而言，他们最关心的就是所提供的信贷资金的安全性，期望能于约定时间收回本息。这必然决定了债权人总是要求资产负债率越低越好，希望企业的每一元债务有更多的资产做后盾。如果企业的主权资本较少，表明投资者投入的份额不足，经营过程中创造和留存收益的部分较少，债权人就会感到其债权风险较大，因此会做出提前收回贷款、转移债权或不再提供信贷的决策。

第二，对企业所有者来说，资产负债率高有以下好处：第一是当总资产报酬率高于负债利率时，由于财务杠杆的作用，可以提高股东的实际报酬率；第二是可用较少的资本取得企业的控制权，且将企业的一部分风险转嫁给债权人，对企业来说还可以获得资金成本低的好处。但债务同时也会给投资者带来风险，因为债务的成本是固定的。如果企业经营不善或遭受意外打击而出现经营风险时，由于收益大幅度滑坡，贷款利息还须照常支付，损失必然由所有者负担，由此增加了投资风险。对此，投资者往往用预期资产报酬率与借

款利率进行比较判断。若前者大于后者时，表明投资者投入企业的资本将获得双重利益，即在获得正常利润的同时，还能获得资产报酬率高于借款利率的差额，这时，资产负债率越大越好；若前者小于后者时，则表明借入资本利息的一部分要用所有者投入资本而获得的利润数额来弥补，此时，投资者希望资产负债率越低越好。

第三，从企业经营者角度来看，资产负债率的高低在很大程度上取决于经营者对企业前景的信心和对风险所持的态度。如果企业经营者对企业前景充满信心，且经营风格较为激进，认为企业未来的总资产报酬率将高于负债利率，则应保持适当高的负债比率，这样企业可有足够的资金来扩展业务，把握更多的投资机会，以获取更多的利润；反之，经营者认为企业前景不容乐观，或者经营风格较为保守，那么必然倾向于尽量使用自有资本，避免因负债过多而冒较大的风险，此时则应当保持适当低的负债比率。尽管如此，即便较为激进的经营者，也不能使负债比率过高，应将其控制在适度水平上。由于债务成本可税前扣除，具有财务杠杆收益功能，任何企业均不可避免地要利用债务。但负债超出某个程度时，则不能为债权人所接受，企业的后续贷款难以为继。随着负债的增加，企业的财务风险不断加大，进而危及主权资本的安全和收益的稳定，也会动摇投资者对经营者的信任。

最佳资产负债比率的确定要结合企业的具体实际，企业资产负债率多少为佳，并没有一个公认的标准。在分析和评价时，通常要结合企业的盈利能力、银行利率、通货膨胀率、国民经济的景气程度、企业之间竞争的激烈程度等多种因素，还可以与同行业的平均水平、本企业的前期水平及其预算水平来进行。一般来讲，企业的盈利能力较强或者企业资金的周转速度较快，企业可承受的资产负债率也相对较高；银行利率提高通常迫使企业降低资产负债率，银行利率降低又会刺激企业提高资产负债率；通货膨胀率较高时期或者国民经济景气时期，企业也会倾向于维持较高的资产负债率；同行业企业之间竞争激烈时企业倾向于降低资产负债率，反之则反。因此，在不同的国家、不同的宏观经济环境下，资产负债率的合理水平或适度水平也是有较大差别的。

经验表明，资产负债率的适当范围介于30%～70%之间。比率太高，意味着负债风险过大，从而面临着太大的偿债压力；比率太低，则负债风险很小，但负债的财务杠杆效应利用太少，不利于实现公司价值和股东财富最大化。经验也表明，资产负债率存在显著的行业差异。分析该比率时应注重与行业平均数的比较。此外，该比率会受到资产计价特征的严重影响。若被比较的某一企业有大量的隐蔽性资产（如大量的按历史成本计价的早年获得的土地等），而另一企业没有类似的资产，则简单的比较就可能得出错误的结论。

2. 产权比率

（1）产权比率的含义

产权比率是资产负债率的变形，是债务与权益的直接比较，即：

产权比率 = 债务总额 / 股东权益 ×100%

产权比率反映由债权人提供的资本与股东提供的资本的相对比率关系，这一比率反映企业基本财务结构是否稳定。产权比率高，是高风险、高报酬的财务结构；产权比率低，是低风险、低报酬的财务结构。

产权比率也反映债权人投入资本受到股东权益保障的程度,或者说是企业清算时对债权人利益的保障程度。

(2) 产权比率的影响因素及评价方法

产权比率与资产负债率的配合使用。产权比率与资产负债率都是用于衡量长期偿债能力的指标,具有共同的经济意义,两者可以互相补充。因此,对产权比率的分析可以参考对资产负债率的分析。对资产负债率分析时应当注意的问题,在产权比率分析中也应引起注意。

产权比率与资产负债率是有区别的。产权比率侧重于揭示债务资本与权益资本的相互关系,说明企业财务结构的风险性,以及所有者权益对偿债风险的承受能力;资产负债率侧重于揭示总资本中有多少是靠负债取得的,说明债权人权益的保障程度。

所有者权益就是企业的净资产,产权比率所反映的偿债能力是以净资产为物质保障的。净资产中的某些项目,如无形资产等,其价值具有极大的不确定性,且不易形成支付能力。因此,在使用产权比率时,必须结合有形净值债务比率指标,做进一步分析。

3. 有形净值债务比率

有形净值债务比率是产权比率的改进形式,是企业负债总额与有形资产的比率。有形资产是将无形资产从股东权益中扣除后的净资产。其表达式为:

有形净值债务比率 = 负债总额 / (股东权益 - 无形资产) ×100%

有形净值债务比率实际上是产权比率的延伸,是更谨慎、保守地反映债权人利益的保障程度的指标。之所以要将无形资产从股东权益中扣除,是因为从保守的观点看,在企业处于破产状态时,无形资产往往会严重贬值,因而不会像有形资产那样为债权人提供保障。而长期待摊费用本身就是企业费用的资本化,它们往往不能用于偿债。因此,该比率可用于测量债权人在企业陷入财务危机或面临清算时的受保障程度。

上述三项比率,是反映企业长期偿债能力的最主要指标,在进行分析时,要注意以下几个问题:

第一,上述指标中的资产总额都是指资产净值总额,而不是原值总额;

第二,上述指标各有侧重,在分析时应结合应用;

第三,从长远来看,企业的偿债能力与盈利能力关系密切,盈利能力决定偿债能力,因此,在分析长期偿债能力时,应结合盈利能力的指标;

第四,要充分考虑长期租赁、担保责任等对长期偿债能力的影响。

4. 利息保障倍数

(1) 利息保障倍数的含义

利息保障倍数是息税前利润相当于所支付利息的倍数。其计算公式为

利息保障倍数 = 息税前利润 / 利息费用 = (税后利润 + 所得税 + 利息费用) / 利息费用

公式中的分子是运用企业全部资产所获得的收益,即没有扣除利息费用的税前利润。之所以不用净利润,是因为企业的利息费用在所得税之前就列支了,而所得税是在减去利

息费用后的利润中支付的,所得税的多少对利息费用的支付不会产生影响。

(2) 利息保障倍数的影响因素及评价方法

利息保障倍数越大,企业偿还债务利息的能力必然越强,通常也有能力偿还到期的债务本金。根据经验,利息保障倍数为 3 倍或以上时,表示企业不能偿付其利息债务的可能性较小;该比率达到 4 倍时,意味着公司偿付其利息债务的能力"良好";达到 4.5 倍或以上时,则为"优秀"。

使用利息保障倍数来衡量企业的长期偿债能力,是因为长期债务在到期前只须定期支付利息,不须支付本金。况且,对一般企业来说,只要其资本结构基本上是稳定的,并且经营情况良好,就能够举借新的债务来偿还到期债务的本金。付息能力的重要性事实上不亚于还本能力。如果企业长期以来在偿付利息费用方面有着良好的信用表现,企业很可能永不需要偿还债务本金。这是因为,既然企业的付息能力很强,意味着当债务本金到期时,企业一般会有能力重新筹集到新的资金,或者原有的负债能够得以延展。

企业只要利息保障倍数越大,无力偿还债务的可能性就越小。在金融市场高度发达的情况下,由于企业负债经营,其对银行的依赖性越来越大。企业能否在经营中顺利地融资成为企业经营成败的关键,商业银行对企业偿债能力的判断很大程度上取决于企业利息保障倍数。如果企业在支付债务利息方面没有困难,通常也就可以再借款用于偿还到期的债务本金;通过举借新债来偿还旧债,这样就无须去偿还债务本金。在这种情况下,企业筹资就比较容易,筹资成本就会降低,企业就有能力在资本结构中保持一个较高的债务比例。

利息保障倍数在时间上往往有着较显著的波动性,这是因为企业的盈利水平和利息费用都会受经济周期或产业周期的显著影响而发生波动。而无论是好年景还是坏年景,利息都是必须支付的。所以,为了考察企业偿付利息能力的稳定性,一般应至少计算 5 年或以上的利息保障倍数。为了保守起见,甚至可以选择 5 年或更长时期中最低的利息保障倍数值作为基本的利息偿付能力指标值。

在计算利息保障倍数时,须注意以下几点:①根据损益表对企业偿还债务的能力进行分析。作为利息支付保障的"分子",只应该包括那些在以后期间里预计还会发生的收益,即经常性或永久性收益。所以,那些非经常发生的项目应该予以排除,诸如非常项目与特别项目、停止经营项目、会计方针变更的累计影响。②利息费用不仅包括作为当期费用反映的利息费用,还应包括资本化的利息费用(即固定资产交付使用前发生的利息费用,这通常在财务报表附注中揭示),因为后者同样需要支付,是否反映到当期费用只是财务会计的确认规则问题。③未收到现金红利的权益性收益,只是权益法下的一种账面收益,而没有相应的现金流入企业,故不能构成支付利息的保证,应予以扣除。④在计算利息保障倍数时,如果直接从损益表上取得数据,所得到的是"财务费用"而非"利息费用"。前者除了包括利息费用外,还包括汇兑损益。那么,当汇兑损益数量相对于利息费用来讲足够大时,使用"财务费用"计算利息保障倍数事实上就不能真实地反映企业的付息能力。为此,应尽可能剔除汇兑损益,使用真正的利息费用。进一步讲,即便没有汇兑损益,"财务费用"也不仅是利息费用,而是"利息费用"与"利息收入"的代数和。那么,当企业有着较多的存款利息收入时,"财务费用"也可能是个负值。必须注意的是,从技术上讲,作为利息保障倍数这一比率的分母,"利息费用"如果小于零,该比率实际上就没有意义了。这时，要么放弃使用该比率，要么对分母进行适当调整以使其变成正数。⑤利息费用的实际支付能力。由于债务利息是用现金支付的，而企业的当期利润是依据权责发生制原则计算出来的，这意味着企业当期利润可能很高，但不一定具有支付能力。所以，使用这一指标时，还应注意企业的现金流量与利息费用的数量关系。

从利润表角度分析，只是反映了公司的利息偿付能力，而利息偿付能力毕竟只是长期偿债能力的一个方面。所以，还需要从资产负债表角度分析长期负债本金的偿还能力。用于分析长期负债本金偿还能力的基本财务比率主要包括资产负债率、产权比率以及有形净值债务比率。

5.固定费用周转倍数

固定费用周转倍数是企业的盈利相当于其固定费用的倍数。其计算公式为：

固定费用周转倍数=税前及支付固定费用前利润/[利息费用+租金+优先股股利/(1-税率)]

=(利息费用+租金+所得税+税后利润)/利息费用+租金+优先股股利/(1-税率)

公式中的利息费用和租金都可在税前支付，而优先股股利必须在税后利润中支付，故后者应除以（1-税率），这里的税率是指适用于企业的所得税税率。固定费用周转倍数反映了企业盈利支付固定费用的能力，这一指标越高，说明企业支付固定费用的能力越强。

第二节 盈利能力分析

一、盈利能力分析的内涵与意义

盈利能力是决定企业最终盈利状况的根本因素，受到企业管理者的高度关注。对于企业的投资人和潜在投资者、债权人以及政府来说，企业盈利能力的高低也是关注的焦点。商业银行受理借款人的借款申请后，分析借款人的偿债能力主要依据是企业的盈利能力情况。

（一）盈利能力分析的内涵

企业的获利能力又称为企业的盈利能力，是指企业在一定时期内赚取利润的能力。这是个相对概念，即是相对于一定的投入和收入而言的。利润率越高，盈利能力则越强；反之则相反。无论是企业的经理人员、债权人还是股东，都十分关心企业的盈利能力，并重视对利润率及其变动趋势的预测与分析。

（二）盈利能力分析的意义

1. 有助于保障投资人的所有者权益

投资人的投资动机是获取较高的投资回报。一个不能盈利，甚至赔本的经营项目对投资人的投资会构成严重威胁。若企业经营得好，盈利能力就强，就能给企业带来较丰厚的利润，从而使权益性股份每股账面价值加大，每股所得利润增多，还能使每股分得较多的股利。而且，这样的业绩往往会引起公司股票市价的升值，给公司股东带来双重好处。总之，具有较强的盈利能力既能为企业进一步增资扩股创造有利条件，又能给更多的投资人带来新的投资机会。

2. 有利于债权人衡量投入资金的安全性

向企业提供中长期贷款的债权人十分关心企业的资本结构和长期偿债能力，从而衡量他们能否收回本息的安全程度。从根本上看，企业是否具有较强的盈利能力以及盈利能力的发展趋势乃是保证中长期贷款人利益的基础所在。一般而言，金融机构向企业提供中长期贷款的目的是为了增加固定资产投资，扩大经营规模。当新建项目投入使用后，若不能给企业带来收益或只能带来较少的收益，则不具备或者基本不具备盈利能力，就难以承担贷款利息及本金的偿付重担。若具有较强的盈利能力，往往说明企业管理者经营有方，管理得当，企业有发展前途。这实际上也就给信贷资本提供了好的流向和机会。

3. 有利于政府部门行使社会管理职能

政府行使其社会管理职能，要有足够的财政收入做保证。税收是国家财政收入的主要来源，而税收的大部分又来自企业单位。企业盈利能力强，就意味着实现利润多，对政府税收贡献大。各级政府如能集聚较多的财政收入，就能更多地投入于基础设施建设、科技教育、环境保护以及其他各项公益事业，更好地行使社会管理职能，为国民经济的良性运转提供必要的保障，推动社会向前发展。

4. 有利于保障企业职工的劳动者权益

企业盈利能力强弱、经济效益大小，直接关系到企业员工自身利益。实际上也成为人们择业的一个主要的衡量条件。企业的竞争说到底是人才的竞争。企业经营得好，具有较强的盈利能力，就能为员工提供较稳定的就业位置、较多的深造和发展机会、较丰厚的薪金及物质待遇，为员工工作、生活、健康等各方面创造良好的条件，同时也就能吸人才，使他们更努力地为企业工作。

总之，盈利能力能够评价一个企业的经营业绩、管理水平，乃至预期它的发展前途，对企业关系重大。因此，盈利能力成为企业以及其他相关利益群体极为关注的一个重要内容。

二、影响盈利能力的因素

盈利能力是企业经营管理水平的综合体现，反映盈利能力的指标是综合性的财务指标，它受企业营销能力、收现能力、成本费用控制能力、资产管理水平以及回避风险的能力等多种因素的影响。分析和研究这些因素的影响程度，对于正确评价企业的盈利能力十分重要。

（一）营销能力

企业营销力作为一个研究并旨在改善企业市场营销状况的术语，其内涵首先应该体现为企业通过统筹、利用内外资源满足目标市场消费者的需求以实现自身生存和持续发展的一种能力，即企业营销是企业有效开展市场营销活动的能力。营业收入是企业获取利润的基础。在市场经济条件下，企业的营销能力是扩大经营规模、增加营业收入、提高利润的基本保证。因此分析企业的盈利能力，首先要关注企业的营销策略和对市场的把握能力，评价企业的销售情况。

（二）收现能力

在现代经济社会中，商业信用已成为企业之间购销活动的主要方式。在商业信用大量存在的情况下，收现能力便成为影响企业盈利能力的重要因素之一。企业的收现能力主要用主营业务收现比率来体现，其计算公式为：

主营业务收现比率 = 销售商品、提供劳务收到的现金 / 主营业务收入 ×100%

该指标大于1，则说明企业当前的销货全部变现，而且收回了部分之前的应收欠款；该指标等于1，则说明企业收到的现金与本期销售一致，资金运转良好；该指标小于1，则说明企业账面收入高，而变现收入低，此时必须关注企业的债权资产的质量。

（三）成本费用控制能力

利润是收入减去成本费用后的余额。企业提高盈利能力的途径无非是两个方面：一是增加收入，二是降低成本。在销售价格和销售量一定的情况下，降低成本是企业提高利润的最有效途径。成本费用越低，企业盈利的空间越大，企业抗风险的能力就越强。因此，加强对成本费用的管理与控制，是增加企业利润、提高企业盈利能力的重要手段。成本费用控制得力，盈利能力将大幅提高。

（四）资产管理水平

资产是企业拥有和控制的、能够为企业带来经济利益的资源。企业资产结构是否合理、资产规模是否适度、资产使用效率高低等都将直接影响企业的盈利能力。因此，加强资产管理、合理安排资产结构、提高资产使用效率是提高企业盈利能力的重要手段。反映资产管理能力的指标主要有总资产周转率、总资产周转天数、存货周转率、存货周转天数、经营周期等。

（五）资本结构

资本结构主要指负债与权益之间的比例关系。它反映的是市场经济条件下企业的金融关系，即以资本和信用为纽带，通过投资和借贷构成的股东、债权人和经营者之间的相互制约的利益关系。资本结构是否合理和稳定，可以直接影响企业的盈利能力。由于负债利息在企业所得税前列支，适度举债不仅可以减少企业所得税，而且可以通过财务杠杆作用提高股东的投资回报。但是如果负债利率过高，会直接减少企业利润，降低企业的盈利能力，同时增加企业的偿债压力，加大财务风险。特别是当负债利率高于资产报酬率时，还会减少股东的投资回报。

三、盈利能力的分析指标、评价方法和评价标准

（一）与销售收入有关的盈利能力指标

这类指标是由企业的利润与销售收入进行对比所确定的比率，由于企业利润有营业利润、利润总额和净利润等形式，所以一般用销售毛利率、营业利润率和销售净利率来表示。

1. 销售毛利率

（1）销售毛利率的含义

销售毛利率是由销售毛利与销售收入进行对比所确定的比率。该指标的优点在于可以对企业某一主要产品或主要业务的盈利状况进行分析，这对于判断企业核心竞争力的变化趋势极有帮助。其计算公式为：

销售毛利率 =（销售收入 - 销售成本）/ 销售收入 ×100%

销售毛利率的值越大，说明在主营业务收入中主营业务成本占的比重越小，企业通过销售获得利润的能力越强。正是因为销售毛利率的以上特点，它能够更为直观地反映企业主营业务对于利润创造的贡献。

（2）销售毛利率的影响因素

影响毛利变动的因素可分为外部因素和内部因素两大方面：

（1）外部因素：主要是指市场供求变动而导致的销售数量和销售价格的升降以及购买价格的升降。

（2）内部因素：开拓市场的意识和能力、成本管理水平（包括存货管理水平）、产品构成决策、企业战略要求等。

此外还应注意：销售毛利率指标具有明显的行业特点。一般说来，营业周期短、固定费用低的行业的毛利率水平比较低；营业周期长、固定费用高的行业，则要求有较高的毛利率，以弥补其巨大的固定成本。

（3）销售毛利率的评价方法

销售毛利率反映企业产品销售的初始获利能力，是企业净利润的起点，没有足够高的销售毛利率便不能形成较多的盈利。销售毛利率是公司产品经历市场竞争后的结果，是一

个十分可信的指标。

与同行业比较,如果公司的销售毛利率显著高于同业水平,说明公司产品附加值高,产品定价高,或与同行业比较公司存在成本上的优势,有竞争力。通过与同行业平均水平或竞争对手的比较,可以洞悉企业主营业务的利润空间在整个行业中的地位以及与竞争对手相比的优劣。如果通过横向比较,发现企业的销售毛利率过低,则应进一步查找原因,并采取措施及时调整。

与历史数值比较,如果公司的销售毛利率显著提高,则可能是公司所在行业处于复苏时期,产品价格大幅上升。在这种情况下分析者须考虑这种价格的上升是否能持续,公司将来的盈利能力是否有保证;相反,如果公司销售毛利率显著降低,则可能是公司所在行业竞争激烈。通过与企业以往各期的销售毛利率进行比较,可以看出企业主营业务盈利空间的变动趋势。如果在某一期间内销售毛利率突然恶化,作为内部分析则应进一步查找原因,看看是由于降价引起的,还是由于成本上升所致,并及时找出改善的对策。

需要注意的是,通常来说,销售毛利率随行业的不同而高低各异,但同一行业的销售毛利率一般相差不大。企业之间的存货计价和固定资产的折旧方法等会计处理的差异会影响营业成本,进而影响销售毛利率的计算。这一点应在企业间的横向比较时加以注意。

2. 营业利润率

(1) 营业利润率的含义

营业利润率是指企业营业利润与主营业务收入的比率,该指标用于衡量企业主营业务收入的净获利能力。

其计算公式为:

营业利润率 = 营业利润 / 主营业务收入 ×100%

营业利润 = 主营业务利润 + 其他业务利润 - 资产减值准备 - 营业费用 - 管理费用 - 财务费用

营业利润率指标反映了每百元主营业务收入中所赚取的营业利润的数额。营业利润是企业利润总额中最基本、最经常同时也是最稳定的组成部分,营业利润占利润总额的比重,是衡量企业获利能力的重要依据。同时,营业利润作为一种净获利额,比销售毛利更好地说明了企业销售收入的净获利情况,从而能更全面、完整地体现收入的获利能力。显然,营业利润率越高,说明企业主营业务的获利能力越强;反之,则获利能力越弱。

(2) 影响营业利润率的因素

对于营业利润率而言,其影响因素主要包括两大方面,即营业利润和主营业务收入。其中,营业利润同方向影响营业利润率:营业利润越大,营业利润率越高。主营业务收入则从反方向影响营业利润率,即当营业利润额一定时,主营业务收入额越大,营业利润率越低,说明主营业务的获利能力越弱。因此,影响营业利润高低的关键因素是营业利润额的大小。从营业利润的计算公式可知,营业利润的主要构成要素包括主营业务收入、主营业务成本、主营业务税金及附加、营业费用、管理费用、财务费用、其他业务利润和资产减值准备等,其中后三项与企业基本经营业务的关系相对较弱,我们主要分析前五项基本要素对营业利润的影响。

主营业务收入对营业利润的影响：当成本费用额不变时，主营业务收入的增减变动额会同方向影响着营业利润额。对于外部报表使用人，我们只能从该总额上分析其对营业利润的影响。

主营业务成本对营业利润的影响：主营业务成本是营业利润的负影响因素，即主营业务成本的增减会反方向等额影响营业利润。当其他因素不变时，主营业务成本对营业利润的影响额可计算如下：

主营业务成本变动对营业利润的影响额＝实际销售数量×（基期或预计单位成本－实际单位成本）

可见，单位成本或主营业务成本率是影响营业利润的又一重要因素，成本水平越高，获利能力越低。因此，要增强企业的获利能力，必须在增加销售的同时，降低企业的成本水平。只有当成本的降低幅度超过业务量降低幅度，或是成本的上升幅度小于业务量上升幅度，才是真正的成本节约，才有利于营业利润的增长。

主营业务税金及附加对营业利润的影响：主营业务税金及附加也是营业利润的负影响因素。但相对而言，它是一个企业不可控的外部客观影响因素。因为税额的多少取决于税率的高低，而税率的高低由国家宏观政策决定。所以，当其他因素不变时，税率降低会增加营业利润，从而相应增强企业的获利能力。但无论如何，这都不是企业主观努力的结果，我们对此进行分析，恰恰是要将该因素的影响额剔除，以对企业的获利能力进行更恰当的判断。

营业费用对营业利润的影响：营业费用也是营业利润的负影响因素，其习性特征与主营业务成本非常相似，对其进行分析也可参照对主营业务成本的分析，在此从略。

管理费用对营业利润的影响：管理费用同为营业利润的负影响因素，但其习性特征与上述成本、费用项目不同，更趋向于固定性质，也就是说，它通常不应该跟随业务量的变动而成比例变动。因此，对其分析有别于其他成本费用，我们更主要应从其总额变动的角度分析其对营业利润的影响。管理费用变动对营业利润的影响可计算如下：

管理费用变动对营业利润的影响额＝基期或预计管理费用额－实际管理费用额

所以，要增加营业利润，增强企业获利能力，还必须注意控制、节约管理费用总额。

其他因素对营业利润的影响：除上述因素外，其他业务利润将从正面影响营业利润，即其他业务利润越多，营业利润相对越大。财务费用和资产减值准备从负面影响营业利润：财务费用和资产减值准备越多，营业利润相对减少。而这两者主要取决于企业的财务管理水平及企业所采用。

（3）经营杠杆及其对营业利润的影响

在进行营业利润分析时，应该重视一种客观存在的经济现象，即经营杠杆。对营业利润的动态分析具有非常重要的影响。经营杠杆是对销售量变动和营业利润之间变动关系的描述。根据本量利之间的量变关系，销售量的较小变动会引起营业利润的较大变动，这就是经营杠杆现象。

经营杠杆系数的计算：经营杠杆系数即营业利润变动率相对于产销量变动率的倍数。

亦即：经营杠杆系数＝营业利润变动率／产销量变动率

根据这个定义公式，可以推导出其计算公式为：

经营杠杆系数＝基期贡献毛益／基期营业利润

经营杠杆对营业利润的影响：经营杠杆对营业利润具有非常重要的影响。这主要表现在：经营杠杆意味着营业利润变动相当于产销量的倍数。因此，当其他因素不变时，经营杠杆的大小一方面决定着营业利润的增长快慢，同时也意味着经营风险的大小。经营杠杆系数越大，意味着营业利润的波动幅度越大，产销量增加时，营业利润将以更大倍数增加；产销量减少时，营业利润也将以更大倍数减少。这表示在企业获利能力增强的同时，也意味着企业经营风险增大。所以，一方面，我们可以通过分析经营杠杆来探求增加营业利润、提高获利能力的途径，即在产品成长和成熟期采用高经营杠杆战略，以谋取更大的获利空间；另一方面，还可通过经营杠杆分析来探求降低经营风险的途径，即在保持相同规模的情况下，尽量提高现有资产的利用程度，减少固定成本的支出，或者充分利用现有生产能力增加产销量，都能降低经营杠杆系数，相应降低经营风险。

3. 销售净利率

（1）销售净利率的含义

销售净利率反映营业收入带来净利润的能力。这个指标越高，说明企业每销售一元的产品所创造的净利润越高。这个指标通常越高越好。销售净利率可以从总体上考察企业能够从其销售业务上获得的主营业务盈利，计算公式如下：

销售净利率 = 净利润 / 销售收入 ×100%

该比率表示每一元销售收入可实现的净利润是多少。销售净利率越高，说明企业通过扩大销售获取收益的能力越强。通过分析销售净利率的变化，不仅可以促使企业扩大销售，还可以让企业注意改善经营管理，控制期间费用，提高盈利水平。

同时，销售净利率的分子是企业的净利润，也即企业的收入在扣除了成本和费用以及税收之后的净值，是企业最终为自身创造的收益，反映了企业能够自行分配的利润额。之后的提取公积金、发放股利等行为，都是建立在这个净利润的基础上。因此，用它与销售收入相比，能够从企业生产经营最终目的的角度，看待销售收入的贡献。

（2）销售净利率的影响因素

销售净利率的大小主要受营业收入和净利润的影响，这两个项目分别是利润表中的第一项和最后一项。从利润的源泉到最终的净利润，中间要经过营业成本、营业税金及附加、三项期间费用、资产减值损失、公允价值变动损益、投资收益及所得税多个环节才能形成企业的净利润。因此，这些项目的增减变化都会影响到销售净利率的大小。

（3）销售净利率的评价方法

销售净利率与净利润成正比关系，与销售收入成反比关系。企业在增加销售收入的同时，必须相应地获得更多的净利润，才能使销售净利率保持不变或有所提高。要想提高销售净利率：一是要扩大销售收入，二是降低成本费用。而降低各项成本费用开支是企业财务管理的一项重要内容。通过各项成本费用开支的列示，有利于企业进行成本费用的结构分析，加强成本控制，以便为寻求降低成本费用的途径提供依据。通过分析销售净利率的升降变动，可以促使企业在扩大销售的同时，注意改进经营管理，提高盈利水平。

销售净利率是企业销售的最终获利能力指标。比率越高，说明企业的获利能力越强。但是它受行业特点影响较大。通常说来，越是资本密集型企业，其销售净利率就越高；反之，资本密集程度较低的行业，其销售净利率也较低。

新会计准则的实施会给该指标带来直接的影响。按新会计准则规定，利润表中的收入项目不再区分主营和其他，而是合并为营业收入。但原来指标的分母是主营业务收入，口径要比新准则下的营业收入小。因此，不考虑其他因素，该指标在按新报告的数据计算时会偏小。

（二）与资金有关的盈利能力指标

这类指标是由企业的利润与一定的资金进行对比所确定的比率，主要有以下几个指标：

1. 净资产收益率

（1）净资产收益率的含义

净资产收益率表明所有者每一元钱的投资能够获得多少净收益，它衡量了一个公司股东资本的使用效率，即股东投资企业的收益率。净资产是股东投入企业的股本、公积金和留存收益等的总和，这里的收益指税后净利润。

（2）净资产收益率指标构成

（1）全面摊薄净资产收益率。该指标强调年末状况，是一个静态指标，说明期末单位净资产对经营净利润的分享。计算公式如下：

全面摊薄净资产收益率 = 净利润 / 期末净资产 ×100%

（2）加权平均净资产收益率。该指标强调经营期间净资产赚取利润的结果，是一个动态的指标，说明经营者在经营期间利用企业净资产为企业新创造利润的多少，是一个说明企业利用单位净资产创造利润能力大小的平均指标，有助于企业相关利益人对公司未来的盈利能力做出正确的判断。计算公式如下：

加权平均净资产收益率 = 净利润 / 净资产平均额 ×100%

净资产平均额 =（期初净资产 + 期末净资产）/2

从经营者使用会计信息的角度看，应使用加权平均净资产收益率。该指标反映了过去一年的综合管理水平，对于经营者总结过去、制定经营决策意义重大。

从企业外部相关利益人所有者角度看，应使用全面摊薄净资产收益率。

在现行公司制度下，投资者投入企业的资本委托给经营者经营，经营者就要确保给投资者带来收益，而且收益率至少应高于同期的市场利率。如果一份资产的收益率与市场利率一样，那并没有什么附加价值。正是因为这份资产的盈利能力高于市场的平均水平，投资者才愿意为它支付溢价。

（3）净资产收益率的影响因素

为更明确分析净资产收益率的影响因素，可以将其分解成以下三个指标：

净资产收益率 =（净利润 / 销售收入）×（销售收入 / 平均总资产）×（平均总资产 / 平均股东收益）×100%

分解后的三个指标分别为销售净利率、总资产周转率以及权益乘数，因此，净资产收益率可改写为：

净资产收益率 = 销售净利率 × 总资产周转率 × 权益乘数 ×100%

即有三个因素影响净资产收益率：①每一元营业收入带来的净利润；②已动用的每一元总资产所产出的营业收入；③总资产与股东权益的比值。

这与前面阅读的财务会计报表是相互对应的。销售净利率概括了利润表的情况，同时，权益乘数反映了资产负债表右边的信息，而总资产周转率则将资产负债表左边的内容与利润表联系起来。

净资产收益率受当期净利润与公司净资产规模的影响。净资产规模基本稳定的情况下，净利润越高，净资产收益率越高。若公司有增资扩股行为，当期会出现净资产收益率下降的现象，因为新融进资金不能马上发挥效用。但这种现象若长期持续的话，说明公司盈利能力下降。

所得税税率的变动也会影响净资产收益率。通常，所得税税率提高，净资产收益率下降；反之，净资产收益率上升。

净资产收益率是从股东角度考核其盈利能力，其比值一般越高越好。但当公司净资产规模很小时，就不能单纯依净资产收益率的高低来判断公司的盈利能力。

(4) 净资产收益率的缺陷

（1）净资产收益率不便于进行横向比较。不同企业负债率是有差别的，某些微利企业净资产收益率偏高，而某些效益不错的企业净资产收益率却很低。净资产收益率不一定能全面反映企业资金的利用效果。从净资产收益率的分解可以看出，在总资产收益率不变的情况下，负债比率越高，权益乘数越大，净资产收益率越高，这会导致很多企业通过提高负债比率来提高净资产收益率。

（2）净资产收益率不利于进行纵向比较。企业可通过诸如负债回购股权的方式来提高每股收益和净资产收益率，而实际上，该企业经济效益和资金利用效果并未提高。

2. 总资产收益率

(1) 总资产收益率的含义

总资产收益率反映企业总资产能够获得净利润的能力，是反映企业资产综合利用效果的指标。该指标越高，表明资产利用效果越好，整个企业的盈利能力越强，经营管理水平越高。该指标越高越好。

若总资产收益率大于借入资金成本率，则净资产收益率大于总资产收益率，说明企业充分利用了财务杠杆的正效应，不但投资者从中受益，而且债权人的债权也是比较安全的。

若总资产收益率小于借入资金成本率，则净资产收益率小于总资产收益率，说明企业遭受杠杆负效应所带来的损失，不但投资者遭受损失，而且债权人的债权也不安全。不论投资者还是债权人都希望总资产收益率高于借入资金成本率。

(2) 总资产收益率指标构成

总资产收益率 = 净利润 / 平均总资产 ×100%

平均总资产 =（期初资产总额 + 期末资产总额）/2

总资产收益率反映了企业利用资产获取利润的有效性，它表明资产负债表上的每一元的资产能产生的净利润。

总资产收益率是站在企业总体资产利用效率的角度上来衡量企业的盈利能力的，是对企业分配和管理资源效益的基本衡量。它与净资产收益率的区别在于：前者反映股东和债权人共同提供的资金的利润率，后者仅反映股东投入资金的利润率。

(3) 总资产收益率的影响因素

总资产收益率是一个综合指标，企业的资产是由投资者投入或举债形成的。净利的多少与企业资产的多少、资产的结构、经营管理水平有着密切的关系。为了正确评价企业经济效益的高低、挖掘提高利润水平的潜力，可以用该指标与本企业前期、与计划、与本行业平均水平和本行业内先进企业进行对比，分析形成差异的原因。总资产收益率主要取决于总资产周转速度的快慢以及销售净利率的大小。企业销售净利率越大，资产周转速度越快，总资产收益率就越高。因此，影响总资产收益率高低的因素主要有产品的价格、单位成本的高低、产品的产量和销售的数量、资金占用量的大小、资金来源结构等。

(4) 总资产收益率的评价方法

评价总资产收益率指标，要结合行业的经营特点来进行。企业处于不同时期和属于不同行业，提高总资产收益率的突破口也有不同。

(1) 若企业产品处于市场竞争非常激烈的时期，可选择通过提高总资产周转率来提高总资产收益率。

(2) 若企业处于扩大规模时期，可选择通过降低成本费用提高销售净利率来达到提高总资产收益率的目的。

(3) 固定资产比例较高的重工业，主要通过提高销售净利率来提高总资产收益率。

(4) 固定资产比例较低的零售企业，主要通过加强总资产周转率来提高总资产收益率。

（三）与收入质量有关的盈利能力指标

I. 销售收入现金含量

(1) 销售收入现金含量的含义

虽然现金流量与利润数据在单个会计期间一般是不一致的，但从长期来看，两者之间应该保持某种相对稳定的比例关系，其差别则反映了非现金支出与收入的变动趋势。目前，现金流量表和利润表的结合分析日益受到人们的重视，销售收入现金含量便是其中最常用的指标之一。该指标把现金流量表与利润表分析有机结合起来，使我们可以估计每单位营业收入所能带来的现金流入量，并由此把握企业流动性风险及商业信用等方面的状况及重要变化。

(2) 销售收入现金含量指标构成

销售收入现金含量指标反映企业经营业务获得的现金与营业收入的比例关系，表明营业收入的现金保障程度，可以用来判断企业营业收入的质量。该指标的计算公式为：

销售收入现金含量 = 销售商品或提供劳务收到的现金 / 营业收入

销售商品或提供劳务收到的现金 = 销售收入 − 应收账款增加额 − 应收票据增加额 + 预

收账款增加额

由于营业收入是企业净利润的来源，营业收入质量越高，企业当期净利润的质量也就越高，同时表明企业的产品、劳务畅销，市场占有率高、回款能力强。一般说来，离普通百姓较近的食品和商业类公司的该项指标应该较高。

（3）销售收入现金含量的影响因素

在赊销政策无重大变化、应收账款正常回收时，由于销售商品或提供劳务收到的现金涵盖了主营业务收入和其他业务收入项目，因此该指标的正常值水平应当大于1。这一标准对于我们分析企业当期营业收入的现金含量很有帮助。

正常情况下，营业收入现金含量越高，意味着企业的货款回收越快，流动资金的使用效率越高；反之，营业收入含金量低，则企业的营运周期就会相应被拉长，积压在应收账款、其他应收款或预付账款上的资金无法回笼，则必然会加大企业的短期融资需求和资金调度压力。

2. 净利润现金含量

（1）净利润现金含量的含义

净利润现金含量指标表明企业本期经营活动产生的现金净流量与利润之间的比例关系，可以用来衡量净利润质量的高低。

（2）净利润现金含量指标构成

净利润现金含量 = 经营活动产生的现金流量 / 净利润

一般情况下，如果该指标的比率大于1，说明企业净利润与经营活动产生的现金流量净额协调较好，净利润现金实现程度高，企业净利润质量也高了；反之，若该指标的比率小于1，则说明企业本期净利润中存在尚未实现的收入，企业净利润的质量欠佳。如果企业当期投资收益、筹资费用数额较大，应当在分母"净利润"中剔除。

（3）净利润现金含量的影响因素

净利润容易变化和被操纵，该指标稳定性没有销售收入现金含量好，因此往往需要具体企业具体分析。与销售收入现金含量一样，这一指标对于发现企业操纵利润的嫌疑也具有重要的作用。企业操纵账面利润，一般是没有相应的现金流量的。这一指标过低，就有虚盈实亏的可能性，应进一步分析会计政策、会计估计和会计差错变更的影响以及应收款项及存货的变现能力。若该指标大于1，反映的是公司经营活动所产生的现金流量净值高于当期净利润，企业的净利润有足够的现金保障。反之，现金利润比低于正常水平，甚至企业的净利润极高但经营活动净现金流量为负，说明企业的账面利润没有实实在在的现金流入作为保证，或者说企业的利润来源于非正常生产经营性活动。企业的经营成果缺乏现金流入做保障，则企业生产在未来的可持续发展将受到怀疑。

（4）净利润现金含量的评价方法

利润表中的净利润是建立在权责发生制基础上的，对应计收入、应计费用等项目存在着估计成分，对有关资产、损益项目的确认和分配也因存在不同方法而产生不同的结果。这样就可能出现账面反映有较高利润，但资金周转却发生困难，缺乏足够的现金支付能力。而现金流量表是以收付实现制为基础，通过分析调整利润表中各项目对现金流量的影响计算编制的，它能揭示经营活动所得现金和净利润的关系。该指标有助于解释为什么有的企业有盈利却没有足够的现金支付工资、股利和偿还债务，有的企业没有盈利却有足够的现金支付能力。如果企业的净利润大大高于经营活动产生的现金流量净额，则说明企业利润的含金量不高，存在大量的赊销行为及未来的应收账款收账风险，同时某种程度上存在着利润操纵之嫌。在了解该指标的过程中，我们还可以了解到企业相关税费的缴纳情况。

第三节 营运能力分析

一、营运能力分析的内涵与内容

（一）营运能力分析的内涵

企业营运资产的主体是流动资产和固定资产。尽管无形资产是企业资产的重要组成部分，并随着从工业经济时代向知识经济时代转化，在企业资产中所占比重越来越高，而且在提高企业经济效益方面发挥巨大的作用，但无形资产的作用必须通过或依附于有形资产才能发挥出来。从这个意义上说，企业营运资产的利用及其能力如何，从根本上决定了企业的经营状况和经济效益。

（二）企业营运能力分析的内容

根据营运能力分析的含义与目的，企业营运能力分析主要包括总资产周转情况分析、流动资产周转情况分析和固定资产周转情况分析三方面。企业营运能力财务分析的比率主要包括存货周转率、存货周转天数、应收账款周转率、应收账款周转天数(平均收现期)、营业周期、流动资产周转率、固定资产周转率和总资产周转率等。这些比率揭示了企业资金运营周转的情况，反映了企业对经济资源管理、运用的效率高低。企业资产周转越快，流动性越高，企业的偿债能力越强，资产获取利润的速度就越快。

二、流动资产周转情况分析

（一）应收账款周转率的计算与分析

应收账款周转率是指企业一定时期赊销收入净额与应收账款平均余额的比率，用于反映应收账款的周转速度，一般以周转次数来表示。其计算公式是：

应收账款周转率 = 赊销收入净额 / 应收账款平均余额 ×100%

应收账款周转率说明年度内应收账款转化为现金的平均次数，体现了应收账款的变现速度和企业的收账效率。一般认为，周转率越高越好。因为它表明：①收款迅速，可节约营运资金；②可减少坏账损失和收账费用，从而相对增加流动资产的投资收益；③资产流动性高，短期偿债能力强，流动比率和速动比率等指标具有较高的可信度。因此，应收账款周转正常，对企业偿债能力是一种重要的保障。

反映应收账款周转速度的另一个指标是应收账款周转天数，也称应收账款账龄或应收账款平均收账期。其计算公式是

应收账款周转天数＝计算期天数／应收账款周转率

计算期天数，从理论上说应使用计算期间的实际天数，但为了计算方便，全年按360天计算，季度按90天计算，月度按30天计算。

在分析计算应收账款周转率时，还应注意以下两个问题：

（1）计算公式中所采用的周转额从理论上说应是赊销净额，不包括现销收入。但赊销净额作为企业的商业秘密并不对外公布，所以，外部分析者难以取得赊销收入的资料，因此一般用营业收入代替，即：

应收账款周转率＝营业收入／应收账款平均余额×100%

应收账款周转期＝（应收账款平均余额 × 计算期天数）／营业收入

（2）为了平衡各期应收账款的波动，计算应收账款周转率时应采用应收账款平均余额。"应收账款平均余额"是"应收账款期初余额"和"应收账款期末余额"的平均数。这里的应收账款是指扣除减值准备后的金额。

（3）应收账款是因商品购销关系所产生的债权资产，而不是单指会计核算上的应收账款科目，一般包括应收账款和应收票据。应收票据应纳入应收账款周转率计算。

（4）应收账款是由赊销引起的，如果赊销比现销对企业更有利，应收账款周转天数就不是越少越好。收现时间的长短通常与信用政策有关，改变信用政策就会改变应收账款周转天数。信用政策的分析评价涉及诸多方面，不能仅仅考虑应收账款周转天数的缩短。

（二）存货周转率的计算与分析

在流动资产中，存货所占的比重越大，存货的流动性就越直接影响企业的流动比率，因此，必须特别重视对存货的分析。存货的流动性一般用存货的周转速度指标来反映，即存货周转率或存货周转天数。

存货周转率是一定时期内产品营业成本与存货平均余额间的比率。它是反映企业销售能力和流动资产流动性的一个指标，也是衡量企业生产经营各个环节中存货运营效率的一个综合性指标。用时间表示的存货周转率就是存货周转天数。其计算公式为

存货周转率＝营业成本 ÷ 存货平均余额

存货周转天数＝计算期天数 ÷ 存货周转率

公式中的营业成本数据来自利润表，存货平均余额是资产负债表中的"存货期初余额"与"存货期末余额"的平均数。

存货周转速度的快慢，不仅反映出企业在采购、生产、营销等环节工作的好坏，而且对企业的盈利能力和偿债能力产生决定性影响。一般来讲，存货周转率越高，说明存货的占用水平越低，存货转换为现金、应收账款等的速度越快，存货的变现能力越强；反之，则存货的变现能力越差。

存货周转率还可以衡量存货的储存是否适当，是否能保证生产不间断地进行和产品有秩序地销售。存货既不能过少，造成生产中断或销售紧张，又不能过多形成呆滞、积压。存货周转率也反映存货结构合理与质量合格的状况。因为只有结构合理，才能保证生产和销售任务正常、顺利地进行；只有质量合格，才能有效地流动，从而达到存货周转率提高的目的。存货是流动资产中最重要的组成部分，往往达到流动资产总额的一半以上。因此，存货的质量和流动性对企业的流动比率具有举足轻重的影响，并进而影响企业的短期偿债能力。存货周转率的这些重要作用，使其成为综合评价企业营运能力的一项重要的财务比率。

存货周转率与存货周转天数指标反映存货管理水平，它不仅影响企业的短期偿债能力，也是整个企业管理的重要内容。企业管理者和有条件的外部报表使用者，除了应分析批量因素、季节性生产的变化情况外，还应对存货的结构以及影响存货周转速度的重要项目进行分析。存货按其性质可以分为材料存货、在产品存货和产成品存货。所以，存货周转率又可以分为材料周转率、在产品周转率和产成品周转率三项分指标。其计算公式分别为：

材料周转率 = 当期材料消耗额 / 材料平均库存

在产品周转率 = 当期完工产品成本 / 在产品平均成本

产成品周转率 = 销售成本 / 产成品平均库存

这三个周转率的评价标准与存货评价标准相同，都是周转次数越多越好，周转天数越少越好。通过不同时期存货周转率的比较，可评价存货管理水平，查找出影响存货利用效果变动的原因，不断提高存货管理水平。

在企业生产均衡和产销平衡的情况下，存货周转率与三个阶段周转率之间的关系可用下式表示：

存货周转天数 = 材料周转天数 × 材料消耗额 / 总产值生产费用 + 在产品周转天数 + 产成品周转天数

存货周转速度分析的目的是从不同的角度和环节找出存货管理中的问题，使存货管理在保证生产经营连续性的同时，尽可能少地占用经营资金，提高资金的使用效率和企业管理水平，增强企业短期偿债能力。

在计算和使用存货周转率时，应注意以下问题：

（1）存货计价方法对存货周转率有较大影响。在分析企业不同时期或不同企业的存货周转率时，应注意存货计价方法是否一致。

（2）存货周转天数不是越短越好。存货过多会浪费资金，存货过少不能满足周转需要。在一定经营条件下，企业应确定一个合理的存货水平，以使存货成本最低。

（3）不同行业的存货周转率不同。

（三）流动资产周转率的计算与分析

企业的营运过程实质上是资产的转换过程。流动资产和非流动资产的不同性质和特点，使它们在这一过程中的作用不同。由于非流动资产的价值实现过程很长，企业经营成果的取得主要依赖于流动资产形态的不断转化。因此，流动资产营运能力是企业营运能力的核心。衡量流动资产营运能力的指标主要是流动资产周转率与流动资产周转天数。

1. 流动资产周转率分析

流动资产周转率是企业营业收入与流动资产平均余额的比率。它是衡量企业一定时期内（通常是一年）流动资产周转速度的快慢及利用效率的综合性指标。其计算公式为：

流动资产周转率 = 营业收入 / 流动资产平均余额 ×100%

流动资产周转期 = 计算期天数 / 流动资产周转率

式中，

流动资产平均余额 =（流动资产期初余额 + 流动资产期末余额）/2

它是反映企业一定时期资产占用的动态指标，从理论上说，应是计算期间内每日资产余额的平均数，但为了计算方便，通常按资产负债表上的期初余额和期末余额的平均数计算。

流动资产周转情况的分析要依据企业的历史水平或同行业水平来判断，同时还要结合应收账款周转率和存货周转率、营业周期进行分析，以进一步揭示影响流动资产周转的因素。

流动资产周转率和周转天数从两个不同的方面表示资产的周转速度。资产周转率表示在一定时期内完成几个从资产投入到资产收回的循环，而周转天数则表示完成一个从资产投入到资产收回的循环需要多长时间。流动资产周转率和周转天数呈相反方向变动，在一定时期内，资产周转次数越多，周转天数越少，周转速度就越快，营运效率就越高；反之，则周转速度就越慢，营运效率就越低。

虽然以上两种形式均可以表示资产周转速度，但在实务上则更多地使用周转天数这一形式。这是因为，当企业提高生产技术水平、改善生产组织等使资产周转速度加快时，明显地表现为资产占用时间的缩短，用周转天数来表示，易于看出资产周转对生产技术和生产组织的依存关系。此外，如果采用周转次数，不同时期（如年度、季度和月度）的周转速度不能直接加以比较。而采用周转天数则可以消除期限长短对周转速度的影响，可以使不同计算期间的周转速度直接进行比较。

2. 流动资产周转率影响因素分析

将流动资产周转区分为不同的阶段，能够更清楚地看到内部的影响因素。为此引入营业成本因素，则有：

流动资产周转率 = 营业成本 / 资产平均余额 ×（营业收入 / 营业成本）×100%

流动资产周转率 = 流动资产垫支周转率 × 成本收入率 ×100%

式中，

流动资产垫支周转率 = 营业成本 / 流动资产平均余额 ×100%

成本收入率 = 营业收入 / 营业成本 ×100%

流动资产垫支周转率是从成本角度考察投入生产领域的资源运作效率。投入一定资源经过企业生产活动，产出越大，效率越高。成本收入率则考察企业生产的产品能否在市场上实现销售并创造足够的利润。它实质上反映了企业的盈利能力。只有生产适销对路的商品，才可能实现最大的利润。

以上分解式表明，影响流动资产周转率的因素，一是流动资产垫支周转率，二是成本收入率。流动资产垫支周转率反映了流动资产的真正周转速度；成本收入率说明了所费与所得之间的关系，反映出流动资产的利用效益。加速流动资产垫支周转速度是手段，提高流动资产利用效益才是目的。因此，加速流动资产垫支周转速度必须以提高成本收入率为前提。当成本收入率大于1时，流动资产垫支周转速度越快，流动资产营运能力越强。反之，如果成本收入率小于1，企业所得补偿不了所费，流动资产垫支周转速度越快，企业亏损越多。

根据上面的分解式，采用连环替代法，可以分别确定这两个因素变动对流动资产周转率的影响程度。其分析公式是：

流动资产垫支周转率的影响 =（报告期流动资产垫支周转率 - 基期流动资产垫支周转率）× 基期成本收入率

成本收入率的影响 = 报告期流动资产垫支周转率 ×（报告期成本收入率 - 基期成本收入率）

可以引入多种因素进一步分析究竟是什么因素造成流动资产垫支周转率降低。下面引入存货因素，其计算公式为：

流动资产周转率 =（存货平均余额 / 流动资产平均余额）×（营业成本 / 存货平均余额）×（营业收入 / 营业成本）×100%

从存货周转的角度，可以运用连环替代法分析判断，是否为存货周转速度的改变造成企业流动资产运营效率的变化。同样的道理，也可以从应收账款的角度进行分析判断。

3. 流动资产周转效果分析

流动资产周转加速的效果体现在：①一定的产出需要的流动资产减少；②一定的流动资产取得更多的收入。

（1）加速流动资产周转所节约的资金

加速资产周转所节约的资金就是指企业在销售收入一定的情况下，由于加速流动资产周转所节约的资金。其计算公式为：

流动资产节约额 = 报告期营业收入 ×（1/ 基期流动资产周转次数 -1/ 报告期流动资产周转次数）

上式计算结果为正数时，表示流动资产占用额减少；当其计算结果为负数时，说明企业流动资产占用额增加。

流动资产周转速度加快所形成的节约额，可以分为绝对节约额和相对节约额两种形式。流动资产绝对节约额是指企业由于流动资产周转加速，可以减少流动资产占用额，因而可能腾出一部分资金。流动资金相对节约额是指企业由于流动资产周转加速，在不增资或少增资的条件下扩大企业的生产规模。流动资金绝对节约额和相对节约额的区别只在于运用情况的不同，前者是在生产规模不变的情况下减少资产占用额，后者是将其节约额用于自身的扩大再生产。

区别与计算流动资产绝对节约额和相对节约额可分三种情况进行：

（1）加速周转所形成的节约额都是绝对节约额。如果企业流动资产周转加快而销售收入不变，这种情况下形成的节约额就是绝对节约额。

（2）加速周转所形成的节约额都是相对节约额。当企业流动资产周转加快，而流动资产实际存量大于或等于流动资产基期存量，这种情况下形成的节约额就是相对节约额。

（3）加速周转所形成的节约额既包括绝对节约额，又包括相对节约额。当企业流动资产周转加快，同时营业收入增加，流动资产占用量减少，这种情况下形成的节约额就是既包括绝对节约额，又包括相对节约额。可以按下式将二者加以区分：

相对节约额＝流动资产总节约额－绝对节约额

绝对节约额＝报告期流动资产占用额－基期流动资产占用额

如果以上条件相反，则为资金浪费额。

（2）加速流动资产周转所增加的收入

加速流动资产周转所增加的收入是指在企业流动资产占用额一定情况下，由于加速流动资产周转速度所增加的营业收入。其计算公式是：

营业收入增加额＝基期流动资产平均余额×（报告期流动资产周转次数－基期流动资产周转次数）

上式计算结果为正数时，说明加速流动资产周转增加了营业收入；计算结果为负数时，说明流动资产周转速度缓慢减少了营业收入。

加速流动资产周转形成的资产节约额或营业收入增加额是从两个不同侧面对流动资产周转加快的效果所做的分析，具有相同的经济意义。

（四）营业周期分析

营业周期是指从取得存货开始到销售存货并收回现金为止的这段时间。营业周期的长短取决于存货周转天数和应收账款周转天数。营业周期的计算公式如下：

营业周期＝存货周转天数＋应收账款周转天数

把存货周转天数和应收账款周转天数加在一起计算出来的营业周期，指的是需要多长时间能将期末存货全部变为现金。一般情况下，营业周期短，说明资金周转速度快，管理效率高，资产的流动性强，资产的风险降低；营业周期长，说明资金周转速度慢，管理效率低，风险上升。因此，分析研究企业的营业周期，并想方设法缩短营业周期，对于增强企业资产的管理效果具有重要意义。

三、固定资产周转情况分析

（一）固定资产周转率的计算与分析

固定资产周转率是指企业一定时期内营业收入与固定资产平均净值之间的比率，它是反映固定资产利用效率的重要指标。其计算公式为：

固定资产周转率＝计算期天数/固定资产周转率＝(计算期天数×固定资产平均净值)

/营业收入

一般情况下,固定资产周转率高,表明企业固定资产利用充分,同时也能表明企业固定资产投资得当,固定资产结构合理,固定资产利用效果好,能够充分发挥效率。反之,则说明固定资产利用效率不高,提供的生产成果不多,企业的营运能力不强。

在实际分析和评价该项指标时,应当注意:

1. 该分式的分母是固定资产平均净值,而非固定资产原价或固定资产净额

固定资产原价是指固定资产的历史成本,固定资产净值为固定资产原价扣除已计提的累计折旧后的金额(固定资产净值=固定资产原价-累计折旧),固定资产净额为固定资产原价扣除已计提的累计折旧以及已计提的减值准备后的余额(固定资产净额=固定资产原价-累计折旧-已计提的减值准备)。固定资产平均净值一般以固定资产净值的期初数与期末数之和除以2来计算。

2. 固定资产折旧方法的影响

企业固定资产所采用的折旧方法和折旧年限的不同,会导致不同的固定资产账面净值,从而会对固定资产周转率的计算产生重要影响,造成指标的人为差异。在分析过程中,需要剔除这些不可比因素。

3. 固定资产更新改造活动的影响

频繁或者大幅度的固定资产更新改造活动,会显著增加固定资产平均净值,在其他因素不变时,将降低固定资产周转率。因此,要注意协调更新改造固定资产的需要和追求高固定资产周转率的要求。应当结合固定资产更新改造水平来判断固定资产周转率实际水平的高低。因为固定资产周转率较低,就简单地认为固定资产运营无效率,是不科学的。

4. 不同行业的影响

行业性质不同,企业所须投入固定资产的规模迥异,会对固定资产周转率产生显著影响。

5. 产品生命周期的影响

在产品的成长期,该指标会随着产能发挥而逐步提升,直至追加投资使得其下降,这个过程周而复始。而产品进入成熟阶段后,产销量双双下滑。如果企业此前在固定资-产的投入上并未有所预见,或者由于技术更新太快而来不及跟随,那么企业的固定资产周转率将下降到一个较低的水平。

6. 企业的固定资产一般采用历史成本入账

在企业的固定资产、销售情况都并未发生变化的条件下,也可能由于通货膨胀导致物

价上涨等因素而使营业收入虚增，导致固定资产周转率的提高，而实际上企业的固定资产效能并未增加。

进行固定资产周转率分析时，应以企业历史水平和同行业平均水平为标准进行对比分析，从中找出差距，努力提高固定资产周转速度。周转率越高，说明固定资产的利用效率越高；周转率越低，说明固定资产数量过多或设备闲置。

（二）固定资产更新率的计算与分析

固定资产更新率是指一定时期内新增加的固定资产总值与期初固定资产总值的比率。它反映固定资产在计算期内更新的规模和速度，是考核固定资产动态状况的指标。其计算公式为：

固定资产更新率 = 本期新增固定资产（总额）原值 / 固定资产（总额）期初原值 ×100%

从这一公式可以看出，固定资产更新率受两个方面因素的影响。第一，受到固定资产期初总额的影响。固定资产期初总额体现着原有固定资产的规模，这一数值越大，在其他条件不变的情况下，其固定资产更新的速度越缓慢。第二，受到新增固定资产数额的影响。新增固定资产数额越大，说明固定资产更新的速度越快。在一定时期内，期初的固定资产数额通常是常量，固定资产的更新率直接受本期新增固定资产数额的影响。本期新增的固定资产越多，其固定资产的更新率越高，固定资产更新的规模越大，速度越快。

由于固定资产更新率是新增固定资产总额和期初固定资产总额的比较，而期初固定资产的新旧程度和原有固定资产的使用周期都是不确定因素。如果期初的固定资产均为新的资产，且使用周期较长，那么，计算期内新增固定资产并不一定替代退费的固定资产，其固定资产更新率的提高反映的是固定资产规模的扩大；如果期初的固定资产系使用多年而且必须被新的固定资产替代，其新增的固定资产与被替代的固定资产相适应，则仅仅实现了固定资产相适应，如果新增固定资产的数额不足以补偿被替代的退费的固定资产数额，即便固定资产更新率越高，其固定资产的更新程度仍未得以全部实现，其固定资产的再生产也只能是萎缩的再生产。因此，考虑固定资产的更新程度，必须将固定资产更新率和固定资产成新率相结合进行分析才更有价值。

（三）固定资产成新率的计算与分析

固定资产成新率 = 固定资产平均净值 / 固定资产平均原值

该比率反映了固定资产的新旧程度。该比率越小，则说明企业的固定资产老化程度越高，近期重置固定资产的可能性越大，固定资产支出也越大。该比率与企业的成立时间有关，应结合企业成立时间一并考虑。

四、总资产周转情况分析

总资产周转率是指企业一定时期营业收入净额与总资产平均余额的比值。它说明企业的总资产在一定时期内周转的次数。总资产周转率是综合评价资产管理或资本利用效率的重要指标。衡量总资产营运能力的指标主要有两个：总资产周转率和总资产周转天数（周转期）。

总资产周转率＝营业收入净额／总资产平均余额×100%

总资产周转期＝计算期天数／总资产周转率＝（总资产平均余额×计算期天数）／营业收入净额

总资产周转率综合反映企业整体资产的营运能力。一般来说，总资产周转次数越多，周转速度越快，表明企业全部资产的利用效率越高，营运能力越强，进而使企业的偿债能力和盈利能力得到增强；反之，则说明全部资产的利用效率较低，最终将影响到企业的盈利能力。如果企业总资产周转率长期处于较低状态，则企业应采取适当措施扩大营业收入、提高各项资产的利用效率，对那些确实无法提高利用率的多余、闲置资产应及时进行处理以提高总资产周转率。

为更加深入地分析企业总资产的周转快慢及其影响因素，企业应在此基础上，进一步从各个构成要素进行分析，以便查明总资产周转率升降的原因及各要素对其的影响。企业资金循环包括短期资金循环和长期资金循环，长期资金循环必须依赖短期资金循环。因此，流动资产周转速度的快慢是决定企业总资产周转速度快慢的关键性因素。

总资产周转率＝（流动资产平均余额／总资产平均余额）×（营业收入净额／流动资产平均余额）×100%

＝流动资产占总资产比重×流动资产周转率

该公式表明，总资产周转率受到流动资产周转效率和流动资产所占比重的影响。流动资产在企业资产构成当中属于流动性最强的部分。这部分所占的比重越高，则总资产的周转速度越快；相反，如果流动资产营运能力差，筹集的流动资产大量闲置，则可能适得其反，会降低总资产的营运能力。

第四节　发展能力分析

一、发展能力的内涵

发展能力分析主要分析企业未来生产经营的发展趋势和发展水平，包括资本、资产、销售和收益等方面的增长趋势和增长速度。分析的内容有两个方面：一方面，分析有关发展能力的财务指标，评价企业到目前为止已取得的实际发展水平与速度；另一方面，分析企业所处的经济环境、经营策略与财务策略，进一步分析企业可持续增长率，分析解释企业未来取得发展的能力。

企业发展能力又称为增长能力，通常是指企业未来生产经营活动的发展趋势和发展潜能。企业的发展能力对投资者、债权人及其他相关利益团体非常重要。从形式看，企业的发展能力主要是通过自身的生产经营活动，不断扩大积累而形成的，主要依托于不断增长的营业收入、不断增加的资金投入和不断创造的利润等。从结果看，一个发展能力强的企业，能够不断为股东创造财富，能够不断增加企业价值。

与盈利能力、营运能力、偿债能力分析相比，企业发展能力分析更全面，是从动态的角度评价企业的成长性。传统的财务分析仅仅从静态的角度出发分析企业的财务状况，在越来越激烈的市场竞争中显然不够全面、不够充分。其原因是：

第一，企业的价值很大程度上取决于未来的获利能力，取决于企业营业收入、收益和股利的未来增长，而不是企业过去或者目前所获得的收益情况。对于上市公司而言，股票价格固然受多种因素的影响，但是从长远看，剩余收益的增加才是导致公司股票未来价格上升的根本因素。

第二，发展能力是企业盈利能力、营运能力、偿债能力的综合体现。无论是增强企业的盈利能力、偿债能力还是提高企业的资产运营效率，都是为了企业未来的生存和发展需要，都是为了提高企业的增长能力。因此，要全面衡量一个企业的价值，就不应该仅仅从静态的角度分析其经营能力，更应该着眼于从动态的角度出发分析和预测企业的发展能力。

二、发展能力指标分析

（一）资本增长指标

1. 股东权益增长率

股东权益增长率是指本年所有者权益的增长额与年初所有者权益之比，也叫作资本积累率。它反映企业经过一年的生产经营后所有者权益的增长幅度，是评价企业发展潜力的重要指标。其计算公式是：

股东权益增长率 = 本年所有者权益增长率 / 年初所有者权益 ×100%

本年所有者权益增长额是指企业本年所有者权益与上年所有者权益的差额，即本年所有者权益增长额 = 所有者权益年末数 – 所有者权益年初数。

股东权益增长率越高，表明企业本期所有者权益增加得越多，对企业未来的发展越有利；反之，股东权益增长率越低，表明企业本年度所有者权益增加得越少，企业未来的发展机会就越少。

在进行股东权益增长率分析时，应注意以下几点：

（1）股东权益的增长来源有两个，其中：一个来源是生产经营活动产生的净利润，另一个来源是筹资活动产生的股东净支付。所谓股东净支付，就是股东对企业当年的新增投资扣除当年发放股利后的余额。因此，股东权益增长率还可以表示为：

股东权益增长率 = 本年所有者权益增长额 / 年初所有者权益 ×100%

= 净利润 +（股东新增投资 – 支付股东股利）/ 年初所有者权益 ×100%

= 净资产收益率 + 股东净投资率

公式中的净资产收益率和股东净投资率都是以所有者权益期初余额作为分母计算的。从公式中我们也可以看出，股东权益增长率的变化受净资产收益率和股东净投资率这两个因素的影响。其中，净资产收益率反映了企业运用股东投入资本创造收益的能力，而股东净投资率反映了企业利用股东新投资的程度。这两个比率的大小都会影响股东权益增长的情况。

（2）股东权益增长率反映了投资者投入企业资本的保全性和增长性。该指标越高，表明企业的资本积累越多，企业资本保全性越强，应付风险、持续发展的能力越强。

（3）股东权益增长率如为负值，表明企业资本受到侵蚀，所有者利益受到损害，应予以充分重视。

（4）股东权益增长趋势分析。为了正确判断和预测企业股东权益规模的发展期趋势和发展水平，应将企业不同时期的股东权益增长率加以比较。因为一个持续增长的企业，其股东权益增长率是不断增长的。如果时增时减，则反映企业发展不稳定，同时也说明企业并不具备良好的发展能力。因此仅仅计算和分析某个时期的股东权益增长率是不全面的，应利用趋势分析法将一个企业不同时期的股东权益增长率加以比较，才能正确全面地评价企业发展能力。

2. 三年股东权益平均增长率

股东权益增长率指标有一定的滞后性，仅反映当期情况。为反映企业资本保全增值的历史发展情况，了解企业的发展趋势，需要计算连续几年的股东权益增长率，从而客观地评价企业的股东权益发展能力状况。

$$三年股东权益平均增长率 = \left(\sqrt[3]{\frac{年末所有者权益总额}{三年前年末所有者权益总额}} - 1\right) \times 100\%$$

该指标越高，表明企业所有者权益的保障程度越高，企业可长期使用的资金越多，抗风险的持续发展的能力越强。

利用该指标分析时应注意所有者权益各类别的增长情况。实收资本的增长一般源于外部资金的进入，表明企业具备了进一步发展的基础，但并不表明企业过去具有很强的发展和积累能力；留存收益的增长反映企业通过自身经营积累了发展后备资金，既反映了企业在过去经营中的发展能力，也反映了企业进一步发展的后劲。

（二）资产增长指标

1. 资产增长率

企业要增加销售收入，就需要通过增加资产投入来实现。资产是企业用于取得收入的资源，也是企业偿还债务的保障。资产增长是企业发展的一个重要方面，发展性高的企业一般能保持资产的稳定增长。

资产增长率就是本年度资产增加额与资产年初总额之比，用来反映企业总资产的增长速度的快慢。其计算公式如下：

资产增长率 =（资产年末总额 – 资产年初总额）/ 资产年初总额 ×100%

资产增长率大于零，则说明企业本年度资产规模增大。资产增长率越大，说明资产规模扩大得越快。资产增长率小于零，则说明企业本年度资产规模缩减，资产出现负增长。

在进行资产增长率指标分析时，应注意以下几点：

（1）分析资产增长的规模是不是合理。企业资产增长率高并不意味着企业的资产规模增长就一定合理。评价一个企业资产规模是否合理，必须与销售收入增长、利润增长等情况结合起来分析。只有在一个企业的销售收入增长、利润增长超过资产规模增长的情况下，这种资产规模增长才属于效益型增长，才是合理的、适当的。

（2）正确分析企业资产增长的来源。企业的资产来源于负债和所有者权益。在其他条件不变的情况下，无论是增加负债规模还是增加所有者权益规模，都能够提高资产增长率。增加负债规模，说明企业增加负债筹资；而增加所有者权益规模，则可能是企业吸收了新的股东或者是实现了盈利。从企业发展的角度看，企业资产的增长应该主要来自所有者权益的增长，而不是负债的增长。相反，如果一个企业资产的增长完全依赖于负债的增长，而所有者权益在本年度内没有发生变动或者变动不大，说明企业不具备良好的发展潜力。

（3）分析资产增长的趋势是否稳定。为了全面地认识企业资产规模的增长趋势和增长水平，应将企业不同时期的资产增长率加以比较。对于一个健康的处于成长期的企业，其发展规模应该是不断增长的。如果时增时减，则反映企业的经营业务不稳定，同时也说明企业并不具备良好的发展能力。

（4）资产增长率是考核企业发展的重要指标。在对我国上市公司业绩综合排序时，该指标位居第二。

2. 固定资产成新率

固定资产成新率是企业当期平均固定资产净值同平均固定资产原值的比率，反映了企业所拥有的固定资产的新旧程度，体现了企业固定资产更新的快慢和持续发展的能力。

固定资产成新率＝固定资产平均净值/固定资产平均原值×100%

该指标值高表明企业的固定资产比较新，可以为企业服务较长时间，企业对扩大再生产的准备比较充足，发展的可能性较大。

在进行固定资产成新率指标分析时，应注意以下几点：

（1）应剔除企业应提未提折旧对固定资产真实情况的影响。
（2）进行企业间比较时，注意不同折旧方法对指标的影响。
（3）该指标受周期影响大，评价时应注意企业所处周期阶段这一因素。

（三）销售增长率指标

1. 销售增长率

该指标是衡量企业经营状况和市场占有能力、预测企业经营业务拓展趋势的重要指标。不断增长的销售收入，是企业生存的基础和发展的条件。

销售增长率是指某一年度营业收入增加额与上年营业收入之比。它是评价企业发展能

力的重要指标。其计算公式如下:

销售增长率 =（本年营业收入 - 上年营业收入）/ 上年营业收入 ×100%

销售增长率是反映企业营业收入在一年之内增长幅度的比率。销售增长率大于零，说明企业本年的营业收入有所增加，本期销售规模扩大。销售增长率越高，说明企业营业收入增长得越快，销售情况越好，企业市场前景越好；反之，销售增长率小于零，则说明企业销售收入有所减少，销售规模减小，销售出现负增长，也就是企业的产品或者服务不适销对路，质次价高，或者是售后服务等方面存在问题，市场份额萎缩。

分析企业的销售增长率时，应该注意以下几个方面：

第一，销售增长率是衡量企业经营状况和市场占有能力的重要指标。不断增加的销售收入是企业生存的基础和发展的条件。世界 500 强企业就主要以销售收入的多少进行排序。分析销售增长率时要分析销售增长的效益，也就是要看一个企业的销售增长率与资产增长率哪个大。一般情况下，一个企业的销售增长率应高于其资产增长率。只有在这种情况下，才能说明企业在销售方面具有良好的成长性。如果营业收入的增加主要是通过资产的增加来实现的，也就是销售增长率低于资产增长率，说明企业的销售增长不具有效益性，同时也反映企业在销售方面可持续发展能力不强。

第二，可以利用某种产品销售增长率指标，来观察企业该种产品处于产品生命周期中的哪个时期。根据产品生命周期理论，每种产品的生命周期一般可以划分为四个阶段，产品在不同阶段反映出的销售情况也不同。在投入期，由于产品刚刚投入生产，产品销售规模较小，增长比较缓慢，这时这种产品的销售增长率较低；在成长期，由于产品市场不断扩大，生产规模不断扩大，销售迅速增加，产品销售增长较快，这时这种产品销售增长率较高；在成熟期，由于市场已经饱和，销售量趋于稳定，产品销售将不再有大幅度的增长，这时产品销售增长率与上一期相比变化不大；在衰退期，由于市场开始萎缩，产品销售增长速度放慢甚至出现负增长，即这种产品销售增长率较上期变动非常小，甚至表现为负数。企业的产品结构由处于不同生命周期的产品系列组成。对一个具有良好发展前景的企业来说，较为理想的产品结构是"成熟一代，生产一代，储备一代，开发一代"。对于一个所有产品都处于成熟期或者衰退期的企业来说，其发展前景令人担忧。

第三，要全面、正确地分析企业销售收入的增长趋势和增长水平。由于某个时期的销售增长率可能会受到一些偶然因素影响，仅仅就某个时期的情况而言，这些比率分析并不全面。因此，应结合企业历年的销售水平、企业市场占有情况、行业未来发展及其他影响企业发展的潜在因素进行前瞻性预测，或者结合企业前三年的销售收入增长率做出趋势性分析判断。

2. 三年销售平均增长率

该指标表明企业主营业务收入连续三年增长的情况，体现了企业的持续发展态势和市场扩张能力。

$$三年销售平均增长率 = \left(\sqrt[3]{\frac{当年主营业务收入总额}{三年前主营业务收入总额}} - 1 \right) \times 100\%$$

该指标越高，表明企业销售收入持续增长势头越好，企业积累和发展的基础越稳固，市场扩张能力越强。若指标低，则情况相反。

（四）净利润增长率指标

由于净利润增长率是企业经营业绩的结果，所以净利润的增长是企业成长性的基本表现。净利润增长率是某一年度内税后净利润增加额与上年税后净利润之比。其计算公式是：

净利润增长率 =（本年税后净利润 – 上年税后净利润）/ 上年税后净利润 ×100%

净利润增长率是反映企业税后净利润在一年内增长幅度的比率。一般情况下，净利润增长率大于零时，说明企业本期净利润增加，企业的发展前景较好；净利润增长率小于零时，说明企业本期的净利润减少，企业的发展前景不好。

在分析企业净利润增长率时，应注意以下几点：

第一，分析净利润增长率时应该结合企业的营业利润增长率来进行。企业的净利润除了来自主营业务收入之外，还包括公允价值变动损益、资产减值损失、营业外收入等这些非主营业务收入。要全面地认识企业的发展能力，需要结合企业的营业利润增长率进行分析。一个企业如果销售收入增长，但是利润并没有增长，则从长远看，它并没有创造经济价值。同样，一个企业如果利润增长，但是销售收入并未增长，也就是说利润的增长不是来自其正常经营业务，这样的增长是不能持续的，随着时间的推移就会消失。所以，利用营业利润增长率可以较好地考察企业的成长性。营业利润增长率是某一年度内营业利润增加额与上年营业利润之比，其计算公式为：

营业利润增长率 =（本年营业业利润 – 上年营业利润）/ 上年营业利润 ×100%

该公式反映的是营业利润增长情况。

第二，为了正确地反映企业净利润的增长趋势，应将企业连续多期的净利润增长额、净利润增长率、营业利润增长率进行对比分析，这样可以排除个别时期偶然性或者特殊性因素的影响，从而全面、真实地揭示企业净利润的增长情况，反映企业发展能力的稳定性。

第七章　企业国际贸易方式

第一节　包销、经销与独家代理

一、包销

（一）包销的含义

包销（Exclusive Sales）是指出口企业与国外一个客户或几个客户组成的集团即包销商（Exclusive Distributor）达成书面协议，由前者把某一种商品或某一类商品给予后者在约定地区和一定期限内独家经营的权利。包销是贸易双方通过协议建立起的一种较为稳固的购销关系。

（二）包销业务中当事人之间的关系

包销商与出口企业之间的关系是买卖关系，包销商从出口企业购进货物后，自行销售，自负盈亏，承担货价跌落及库存积压的风险，见图 7-1。

图 7-1　出口企业、包销商、客户的关系

（三）包销协议的主要内容

包销协议是供货人和包销人之间订立的确立双方法律关系的契约。通常，包销协议包括以下内容：

1. 包销商品的范围

在包销方式下，包销人经销的商品可以是供货人经营的全部商品，也可以是其中的一部分，这要根据包销人的经营能力、资信状况等来合理确定。在协议中要明确规定商品的范围，以及同一类商品的不同牌号和规格，以便于执行。

2. 包销的区域

包销区域也就是包销人行使独家经营权的地理范围。包销的区域可大可小，确定包销区域时要考虑包销人的经营能力、包销网点大小以及商品的性质等因素。对于包销区域的规定并非一成不变，它可以根据业务发展的具体情况，由双方协商加以调整。在包销协议中，规定了包销区域后，供货人即要承担义务，在该区域内不再指定其他经销商经营同类产品，以维护包销人的专营权。

3. 包销数量或金额

在包销协议中通常都要规定包销人在一定期限内负责推销商品的数量或金额，这一规定具有双重意义，它既规定了包销人的应承购数额，也规定了供货人应保证供应的数额，对协议双方有同等的约束力。

4. 作价方法

包销商品作价通常采用两种方式：一种是在规定期限内一次作价，即无论协议期内包销商品价格是上涨还是下降，都以协议价格为准；另一种是在规定期限内分批作价，按国际商品市场价格进行调整，该方法较为普遍。

5. 包销商的其他义务

主要包括：做好广告宣传、市场调研和维护供货人权益等。在通常的包销协议中往往规定包销人有义务为其所经营的商品做广告宣传工作，以促进销售。在协议中还可以规定包销人承担市场调研的义务，主要是收集和报道当地市场的情况，供出口人在制定销售策略和改进产品质量时参考。有的包销协议中还规定，在包销区域内如果发生侵犯供货人知识产权的问题，包销人要及时向供货人通报，并配合供货人采取必要的行动，维护其合法权益。

6. 协议期限和终止条款

在这一条款中，首先要规定协议的生效时间，一般采用签字生效的做法。协议期限可规定为一年或若干年。本条款中还往往要规定延期条款，其做法可以是经双方协议后延期，也可以规定在协议到期前若干天如没有提出终止的通知，则可以继续延长一期。

除了协议期限届满可以终止外，如遇到下列情况之一，也可以终止协议：

（1）任何一方有实质性的违约行为，并在接到另一方的要求纠正该违约行为的书面通知后的一段时间内，未能加以纠正。

（2）任何一方发生破产清算或公司改组等事项，另一方提出终止协议的书面通知。

（3）由于发生了人力不可抗拒的意外事件，造成协议落空，而且遭受事件的一方在一定的期限之后仍无法履行协议规定的义务，另一方发出终止协议的书面通知。

（四）采用包销方式应注意的问题

对出口商来讲，采用包销方式是稳固市场、扩大销售的有效途径之一。这主要是因为，在包销方式下，出口商通常要在价格、支付条件等方面给予包销商一定的优惠，这有利于调动包销商的积极性，利用其经销渠道为推销出口商品服务。由于包销商在经销区域内对指定的商品享有独家专营权，这在一定程度上可避免或减少因自相竞争而造成的损失。当然，这只是成功的经验。在实际业务中，我们也有过失败的教训。根据以往经验，为了扩大出口而采用包销的方式时，应注意以下问题：

1. 慎重选择包销商

经验证明，如果包销商选择得当，他可以利用自己熟悉所在国或地区的消费习惯，以及政府条令、法规等方面的便利，及时为供货商提供必要的信息，如市场供需情况、消费者对产品的反应等，以帮助其改进产品，做到适销对路，并且减少不必要的法律纠纷。然而，如果包销商选择不当，其经营能力较弱，或者信誉不佳，则会使供货人陷入困境。有些包销商在市场情况不利时，拒绝完成包销协议中规定的承购数额，或"包而不销"，结果不仅不能使供货商通过包销方式达到扩大出口销售的目的，反而减少了出口销量，又丢掉了其他客户。也有的包销商凭借自己多年来独家所形成的特殊地位，反过来制约供货商，如在价格以及其他条件上与其讨价还价，为自己谋取好处，损害供货商的利益。为了防止这类情况的发生，供货商在选择包销商时，必须认真进行资信调研，以防后患。

2. 订好包销协议

包销协议是确定供货人和包销人之间的权利和义务的法律文件，协议规定的好坏，直接关系到业务的成败。在协议中应合理确定包销的商品种类，因为并非所有的商品都适合采用包销方式。一些市场潜力较大、出口方货源又有限的畅销产品就不宜采用包销方式。对于包销商品的数量或金额，也应根据实际情况合理规定，不要过高或过低。过高，完不成定额，会产生纠纷；过低，则达不到扩大出口的目的。另外，还应妥善地规定包销的区域和期限。一开始，区域不宜过大，期限不宜过长，以后随着双方合作的发展情况再逐步调整。关于其他条款，均可根据双方的共同意愿，做出合理明确的规定。

二、经销

（一）经销的概念

经销（distribution）是指进口商（即经销商，distributor）与国外出口商（即供货商，supplier）达成协议，承担在规定期限和地域内购销指定商品的义务。

根据经销商权限的不同，经销分为包销和定销。定销指一般经销，经销商不享有独家专营权，供货商可在同一时间、同一地区内委派几家商号来经销同类产品。

（二）经销协议的基本内容

经销协议通常包括以下内容:

1. 经销商品的范围

在协议中要确定商品范围及同一类商品的不同规格,同时经销商品的范围要同供货人的经营意图和经销人的经营能力与资信状况相适应。

2. 经销地区

经销地区指经销人行使经营权的地理范围。这其中要考虑经销人的经营能力、规模及销售网络,还应考虑地区的政治区域划分、地理和交通条件以及市场差异程度等因素。

3. 经销数量或金额

经销数额一般采用最低承购额的做法,规定一定时期内经销人应承购的数额下限,并明确数额的计算方法。在规定最低承购额的同时,还应规定经销商未能完成承购额时供货商可行使的权利。

4. 作价方法

(同包销方式)

5. 经销期限

经销期限即协议的有效期,一般还要规定延期条款。除了协议期限届满可以终止外,如遇到下列情况之一,也可以终止协议:

（1）任何一方有实质性的违约行为,并在接到另一方的要求纠正该违约行为的书面通知后的一段时间内,未能加以纠正。

（2）任何一方发生破产清算或公司改组等事项,另一方提出终止协议的书面通知。

（3）由于发生了人力不可抗拒的意外事件,造成协议落空,而且遭受事件的一方在一定的期限之后仍无法履行协议规定的义务,另一方发出终止协议的书面通知。

三、独家代理

（一）独家代理的含义

独家代理（Sole Agent or Exclusive Agent）指出口企业与国外的独家代理商签订书面协议,在约定的期限和地区范围内,给予对方独家推销约定商品的权利——专营权。

独家代理商与出口企业之间的关系是委托代理关系,独家代理商为出口企业寻访客户,进行交易磋商,由代理商以自己的名义与第三方购货人订立合同。只是在特定情况下，根据协议规定由被授权代理人以出口企业名义代订销售合同，由出口企业承担法律责任。

在独家代理方式下，出口企业是委托人，独家代理商是代理人，二者之间是委托代理关系。独家代理商不负盈亏，不承担货价涨落的风险，只收取佣金。如由于第三方不履行义务致使委托人受损时，独家代理商应对委托人承担责任。因此，独家代理一般应属经纪合同性质。

（二）独家代理协议

独家代理协议是规定出口企业和独家代理商之间的权利和义务的协议。我国现阶段使用的独家代理协议的内容主要有：

1. 协议名称及当事人

需要明确注明它是一份独家代理协议（Exclusive Agency Agreement）字样，不能与独家经销协议相混淆，协议的法律性质及其权利义务也由此得以明确。此外，还必须保证所签订的代理协议与所适用法律的强制性规定无抵触。

协议必须清楚地规定双方当事人的全名、地址，如果是商行或公司，必须注明商行、公司的完整称呼，它的法律地位、总办事处以及可以用来识别它的任何其他标志，等等。

2. 独家代理的权限及其对等义务

独家代理的权限可以分成两个方面：第一，独家代理权，即独家代理约定商品的专营权。委托人给予独家代理商专营权后，委托人在约定期限和约定地区内，不得将约定商品在同一区域内另选代理商或自己直接销售。第二，独家代理商是否有权代表委托人订立具有约束力的合同。为避免独家代理商利用委托人的名义和信誉从事不利于委托人的活动，在独家代理协议中一般规定独家代理商的权限仅限于替委托人物色买主、招揽订单和中介交易，而无权以委托人的名义或作为委托人的代理人与第三者订立合同。

3. 独家代理推销的商品、地区和期限

在独家代理协议中，应将代理商品的种类、名称、规格等做明确、具体的规定，以免日后因授权不明确而引起争议。代理商品的范围，应根据出口企业的经营意图、代理商的规模、经营能力及资信状况等决定。

4. 最低代销额

出口企业授予独家代理商对于约定商品的专营权后，即使代理商不努力推销，出口企业也无法在代理区域内越过代理商销售约定商品。因此，为保障卖方权益，应在协议中规定最低代销额。最低代销额一般以出口企业实际收到的货款计算，计算的期限不宜太长也不宜太短，多数以半年或一年为计算最低代销额的期间，如届时代理商由于其本身的能力而未能完成最低代销额，也应在协议中规定如何处理。

5. 代理佣金

代理佣金是代理商为委托人推销商品所得的报酬，支付代理佣金也是委托人的一项义务。在独家代理协议中，应就佣金率、佣金的计算方法、佣金的支付时间和方法做出明确规定。

6. 宣传推广和商情报告

对独家代理商来说，对代理商品进行宣传推广是他的应尽义务。为明确责任，独家代理协议应当规定独家代理商有促进销售和宣传推广的义务，以及卖方应提供宣传推广所必需的资料。独家代理商应承担定期或不定期向卖方提供商情报告的义务。报告的内容，通常是关于代理商的工作情况、市场供销、竞争、有关进口国的政策法令及客户的反映等。

7. 例外规定

在独家代理协议中，出口企业在授予独家代理商专营权时往往需保留一定的销售权限，即在协议中做出出口企业可以直接销售的例外规定。这种例外规定通常属于下列情况：政府机构或国有企业向委托人直接购货、进行国际招标或参与合资经营等。出口企业在进行上述业务时，不受协议约束，也不付给佣金和报酬，其销售额也不列入协议的最低推销额。此外，独家代理协议还应规定代理商应负责进行产品的售后服务及保护委托人的知识产权等条款。

第二节　寄售、展卖与拍卖

一、寄售

（一）寄售的含义

寄售（Consignment）是寄售人（Consignor）先将准备销售的货物运往寄售地，委托当地代销商（Consignee）按照寄售协议规定的条件和办法代为销售的方式。

寄售是一种先出运后出售商品的委托代售的贸易方式。寄售人是卖方，也可称为委托人或货主，代销商也可称为受托人。通过寄售出售的商品，要待货物售出后才由代销商将货款交付寄售人。

在国际贸易中，寄售是寄售人为开拓商品的销路，委托国外代销商扩大出口而采用的一种贸易方式。

（二）寄售的特点

第一，寄售是由寄售人先将货物运至目的地市场，再经代销商向买主销售，因此，它是凭实物进行的现货买卖。

第二，商品售出前所有权属寄售人。在代销商将商品售出前，商品的所有权仍属寄售人所有。若代销商破产，寄售人可以收回寄售商品。

第三，寄售人与代销商之间是委托代售关系，代销商只能根据寄售人的指示代为处置货物。但是，代销商在委托人授权范围内可以以自己的名义出售货物，收取货款并负责执行与买主订立的合同。

第四，代销商不承担商品市价涨落与销售畅滞的风险和费用，只收取佣金作为报酬。

（三）寄售的优缺点

1. 优点

第一，采用寄售方式可以在当地市场出售现货，有利于卖方根据市场供求情况掌握销售时机，提供商品的竞争力并使商品卖出好价。

第二，货物与买主直接见面，买主可以看货成交，即时采购，对开辟新市场、推销新产品有一定推动作用。

第三，代销商一般无须垫付资金，除在售出前负责保管外，无须承担风险，多销多得，有利于促进其经营积极性。

2. 缺点

采用寄售方式的主要缺点是：出口商资金周转期长、费用增加、风险较大、收汇不安全，特别是货物到达目的地后，如遇市场不景气，货物一时不能售出，或代销商有意压低价格，局面就比较被动。

（四）寄售协议

寄售协议是寄售人和代销商之间为了执行寄售业务就双方权利、义务和有关寄售的条件和具体做法而签订的书面协议。寄售协议中特别应该处理好寄售商品的价格确定、各种费用的负担和安全收汇三个方面的问题。寄售协议一般包括下列内容：

第一，协议名称及双方的义务与责任。一般应明确列明寄售协议（Agreement of Consignment），以表示协议的性质。在协议中，应明确规定双方的义务、责任，以及在售出前货物的所有权仍属寄售人，风险和费用一般也由寄售人承担，并规定寄售货物售出时，所有权由寄售人直接转移给买方。

第二，寄售区域及寄售商品。寄售协议必须规定委托代销的商品及销售的指定地区。

第三，定价方法。寄售商品的定价一般有三种方法：

（1）由寄售人限价，即寄售人在寄售时规定最低售价，代销商只能以此价格或高于此价的价格出售，否则，必须事先征得寄售人同意。

（2）随行就市，即由代销商按市价自行定价出售，寄售人不做限价。

（3）在销售前逐笔征求寄售人同意。这种作价方法弹性较大，实践中使用较多，代销商在找到买主并得到其出价后，立即征求寄售人意见，经接受或确认后才出售。

第四，佣金。寄售业务中，代销商是以收取委托人付给的佣金作为报酬的。因此，佣金率的高低直接关系到双方利益和代销商的经营积极性。

第五，付款。寄售货物售出后收到的货款，一般由代销商扣除佣金及代垫费用后汇付给寄售人。因此，为保证及时收汇，以利资金周转，在寄售协议中应规定汇付货款的方式和时间。

此外，寄售协议中还应规定货物的保险、各种费用的负担等预防性条款，以避免发生纠纷。为减少风险，必要时还可规定由代销人提供银行保证函或备用信用证，如代销人不履行协议规定的义务时，由银行承担偿付一定金额的责任。

二、展卖

（一）展卖的含义及做法

展卖（Fairs and Sales）是利用展览会、博览会、展销会、交易会及其他会展形式，对商品实行展销结合，以展促销的一种贸易方式。

展卖可以采取各种不同的方式，我国企业可以到海外参展，利用国外举办的各种展卖会来推销商品，与各国同行同台竞争，一比高下，还可以参加国内举办的展卖会。改革开放以来，会展业在我国得到蓬勃发展，成为一项前景广阔的新兴产业。

到海外参展时，从展卖商品的所有方和客户的关系来看，展卖的做法主要有两种：第一是将货物通过签约方式卖给国外客户，由客户在国外参加展览会。另一种方式是由双方合作，展卖时货物的所有权不变，展品出售的价格由货主决定。国外客户承担运输、保险、劳务及其他费用，货物售出后收取一定手续费作为补偿。展出结束后，未出售的货物可以折价卖给合作的客户，或运往其他地方进行另一次展卖。

除此之外，还可以将寄售和展卖方式结合起来进行。即在寄售协议中规定，代销人将寄售的商品在当地展卖。至于展卖的有关事项，可在该协议中同时规定，也可另签协议做出规定。

无论是哪一种做法，展卖作为一种商品推销方式，其基本特点可概括为：把商品的展览和推销有机地结合起来，边展边销，以销为主。展卖这种方式的优点主要表现在以下几方面：

(1) 有利于宣传出口商品，扩大影响，招揽潜在买主，促进交易。
(2) 有利于建立和发展客户关系，扩大销售地区和范围。
(3) 有利于开展市场调研，听取消费者意见，改进产品质量，增强出口竞争力。

（二）我国开展的展卖方式

我国从 20 世纪 50 年代就开始在广州举办中国出口商品交易会，以后又陆续开展了各种类型的交易会、展览会、小交会，并多次参加国外举办的博览会。随着改革开放的深入进行，展卖业务在我国也得到了更为广泛的应用，极大地促进了我国对外经贸的发展。

1. 国际展览会

国际展览会（International Fair）也称国际集市，是指在某个地点定期举办的，由一国或多国联合举办，邀请各国商人参加交易的贸易形式。

这一方式不仅为买卖双方提供了交易方便，而且越来越多地作为产品介绍和广告宣传以打开销路，以及作为介绍新产品、新工艺以进行技术交流的重要方式。参加展览会的商人除进行现场交易外，还可通过这一机会同世界各国建立更广泛的商业关系。

国际展览会可分为综合性和专业性两种类型。凡各种商品均可参加展出和交易的展览会属于综合性，又称"水平型展览会"，比较著名的有智利的圣地亚哥和叙利亚的大马士革的国际展览会，其展出期限长，展出规模大，而且对普通公众开放，当地人习称为庙会；凡只限某类专业性商品参加展览和交易的展览会属于专业性的，又称"垂直型展览会"，如比较著名的纽伦堡玩具展览会、慕尼黑的体育用品展览会以及法兰克福的消费品展览会等，它们都是专业性很强的国际展览会。

中国曾多次参加各国举办的国际展览会，并于 1985 年 1 月在北京建成了自己的博览中心——中国国际展览中心。同年 11 月，中国第一次作为东道主举办了亚洲及太平洋地区第四届国际贸易展览会，从此揭开了在此举办大型国际性展览会的序幕。近年来，频繁开展的在华和出国展览为加强中国与世界各国的贸易联系与经济交往发挥了作用。

2. 中国进出口商品交易会

中国进出口商品交易会（China Export Commodity Fair）的前身是中国出口商品交易会，又称广交会（Guangzhou Trade Fair），是中国各进出口公司联合举办的，邀请国外客户参加的一种集展览与交易相结合的商品展览会。我国于 1957 年春举办了首届广交会，以后每年春、秋两季各举办一次。中国进出口商品交易会的作用主要体现在以下几个方面：

（1）来会的各国客商和友好团体众多，为集中成交创造了有利条件。
（2）加强了与各国客户的广泛联系，便于了解国外市场动态，开展行情调研，熟悉客户的资信和作风。
（3）有利于生产和其他有关部门直接听取客户对产品的要求和反映。
（4）因交易会采取当面洽商、看样成交的方式，有利于及时发现与解决问题。

除了广交会外，近年来在我国各地和各口岸还定期开展了各种类型的会展业务，例如小交会、展览会、洽谈会、高新技术成果交易会等，均产生了巨大的社会影响和经济效益。

（三）开展展卖业务应注意的问题

展卖是一种将产品宣传、推销和市场调研结合起来的贸易方式。它所带来的经济效益，不能单纯地从一次展卖会的销售额来衡量。经验证明，一次成功的展卖会后，由于建立了广泛的客户联系，往往会给参展者带来数量可观的订单。为了进一步更有效地开展展卖业务，还应注意以下问题：

1. 选择适当的展卖商品

展卖这种交易方式并不是对所有商品都普遍适用的，它主要适用于一些品种规格复杂，用户对造型、设计要求严格，而且性能发展变化较快的商品，如机械、电子、轻工、化工、工艺、玩具、纺织产品等。选择参展商品时，要注意先进性、新颖性和多样性，要能反映现代科技水平，代表时代潮流。

2. 选择好合作的客户

到国外参加展卖会之前，应选择合适的客户作为合作伙伴。选择的客户必须具有一定的经营能力，对当地市场十分熟悉，并有较为广泛的业务联系或销售系统。通过客户开展宣传组织工作，扩大影响，联系各界人士，这对展卖的成功具有重要作用。

3. 选择合适的展出地点

一般来说，应考虑选择一些交易比较集中，市场潜力较大，有发展前途的集散地进行买卖。同时还应考虑当地的各项设施，如展出场地、旅店、通信、交通等基础设施的条件和这些服务的收费水平。

4. 选择适当的展卖时机

这对于一些季节性强的商品尤为重要。一般来说，应选择该商品的销售旺季进行展卖，每次展出的时间不宜过长，以免耗费过大，影响经济效益。

三、拍卖

拍卖（Auction）是由专营拍卖业务的拍卖行接受货主的委托，在一定的地点和时间，按照一定的章程和规则，以由买主公开叫价竞购的方法，最后由拍卖行把货物卖给出价最高的买主的一种现货交易方式。

通过拍卖进行交易的商品，大多是一些品质不易标准化，或难以久存的，或有拍卖习惯的商品。国际市场上采用拍卖方式出售的商品，主要有艺术品、烟叶、木材、羊毛、毛皮、纸张、水果、蔬菜、鱼类等。参与拍卖的买主，通常须向拍卖行交存一定数额的履约保证金。

（一）拍卖的形式

1. 增加拍卖

增加拍卖也称"买主叫价拍卖"，是由拍卖人宣布预定的最低价格，然后由买主竞相加价，直至出价最高时，由拍卖人接受并以击槌动作宣告达成交易。

2. 减价拍卖

这种方式也称"卖方叫价拍卖",或称"荷兰式拍卖",是由拍卖人先开出最高价格,然后由拍卖人逐渐减低叫价,直到有人表示接受而达成交易。减价拍卖经常用于拍卖鲜活商品和水果、蔬菜等。

3. 密封递价拍卖

密封递价拍卖也称"招标式拍卖",是由拍卖人事先公布每批商品的具体情况和拍卖条件,然后,竞买者在规定的时间内将密封标书递交拍卖人,由拍卖人选择条件最合适的表示接受而达成交易。

(二)拍卖的基本程序

1. 准备阶段

货主事先把商品运到拍卖人指定仓库,由拍卖人进行挑选、整理、分类、分批编号。拍卖人还要印发拍卖目录,并刊登广告。

2. 察看货物

由于拍卖是看货成交的现货交易,买主必须事先对拍卖货物进行察看。买主既可察看拍卖人提供的样品,也可去仓库察看整批货物并在其中抽取一定数量的样品,以供分析和试用。

3. 正式拍卖

正式拍卖是在规定的时间和地点,按照一定的拍卖规则和章程,逐批喊价成交。当拍卖人认为无人再出高价时,就以击槌来表示接受买主的喊价,拍卖人击槌后,就表示竞买停止,交易达成,买主就在标准合同上签字。

4. 付款和提货

拍卖成交后,买主按规定付款和提货。

拍卖是公开竞买的方式,对卖方来说,看货出价,可以卖得好价;对买方来说,可以按照自己愿出的价格,购买符合自己需要的货物。

第三节 招投标、对销与加工

一、招投标业务

招投标是招标和投标的简称，是一种传统的贸易方式。一些政府机构、市政部门和公用事业单位经常用投标方式采购物资、设备、勘探开发资源或招包工程项目，有些国家也用招标方式进口大宗商品。世界银行贷款项目和国际政府贷款项目，通常也在贷款协议中规定，运用这些贷款采购物资、设备、发包工程时必须采用国际竞争性招标方式。本节仅介绍商品采购中的招标。

（一）招投标的含义

招投标是一种贸易方式的两个方面。

招标（Invitation to Tender）：指招标人在规定的时间、地点，以某种特定的方式发布招标公告，表明自己对特定的商品、工程或服务采购的规格、条件和要求，同时邀请相关的投标人参加投标并按照规定程序从中选择交易对象的一种市场交易行为。

投标（Submission of Tender）：指投标人按照招标人的邀请，根据招标人发布的招标公告所列明的具体条件和要求，在规定时间内向招标人提交自己报价的过程，它是对招标人的一种响应。

招投标方式与逐笔售订的方式相比，有很大区别。招投标方式中，投标人是按照招标人规定的时间、地点和交易条件进行竞卖，一般情况下，双方没有反复磋商的过程，投标人发出的投标书是一次性报盘。鉴于招投标是一种竞卖方式，卖方之间的竞争使买方在价格及其他条件上有较多的比较和选择，因此，在大宗物资的采购中，这一方式被广泛运用。

（二）招投标的基本做法

商品采购中的招投标业务基本包括四个步骤：招标、投标、开标评标和签约。

l. 招标

国际招标有公开招标和非公开招标两种。
（1）公开招标

公开招标是指招标人在国内外报纸杂志上发布招标通告，将招标的意图公布于众，邀请有关企业和组织参加投标。招标通告一般只简要地介绍招标机构、所采购物资的名称、数量、招标期限、索取招标文件的地点和方式等。这在法律上是一种要约的邀请行为。凡有意投标者均可按照招标通告的规定索取招标文件，详细考虑后办理各项投标手续。

招标文件的内容可归纳为两大部分。其一是属于"投标人须知"，主要是制定规则，使投标人投标时能有所遵循。这些规则大致包括三个内容：①一般情况，如资金来源，所需设备或货物的简要说明、投标资格及货物来源地、投标费用的负担等；②程序性规定，如投标的时间、地点、投标格式、投标保证金的规定、投标有效期、标书的修改或撤销的规定等；③实质性的规定，如是否可投标供应一部分，是否可提出代替性方案，分包以及投标报价的规定等。其二是列明商品采购的合同条件，与买卖合同的内容类似，还包括双方的责任义务。

招标文件中往往要求对投标人进行资格预审，以确保投标人在各方面具有投标能力。资格预审主要集中在下列方面（一般限于过去5年内的情况即可）：投标人的经验及过去完成类似的合同的成绩、财务状况、生产能力、经营作风等。在利用国际金融机构或国外政府贷款进行物资采购或工程承包的招投标业务中，资格预审更是必不可少。

（2）非公开招标

又称选择性招标。招标人不公开发布招标通告，只是根据以往的业务关系和情报资料，向少数客户发出招标通知。非公开招标多用于购买技术要求高的专业性设备或成套设备，应邀参加投标的企业通常是经验丰富、技术装备优良，在该行业中享有一定声誉的企业。

2. 投标

投标人首先要取得招标文件，认真分析研究之后，编制投标书。投标书实质上是一项有效期至规定开标日期为止的发盘，内容必须十分明确，中标后与招标人签订合同所要包含的重要内容应全部列入，并在有效期内不得撤回标书、变更标书报价，或对标书内容做实质性修改。因此，投标人必须结合各种因素慎重考虑。

为防止投标人在投标后撤标或在中标后拒不签合同，招标人通常都要求投标人在投标时提供一定比例或金额的投标保证金。招标人决定中标人之后，未中标的投标人已缴纳的保证金即予退还。现今国际招标业务中一般都以银行保函或备用信用证代替保证金。

投标书应在投标截止日期之前送达招标人或其指定的收件人，逾期无效。投标书一般采用密封挂号邮寄，也可派人专送。按照一般的惯例，投标人在投标截止日期之前，可以书面提出修改或撤回标书。撤回的标书在开标时不予宣读，所缴纳的投标保证金也不没收。

3. 开标评标

开标有公开开标和不公开开标两种方式，招标人应在招标通告中对开标方式做出规定。

公开开标是指招标人在规定的时间和地点当众启封投标书，宣读内容。投标人都可参加，监视开标。不公开开标则是由开标人自行开标和评标，选定中标人，投标人不参加。开标后，招标人进行权衡比较，选择最有利者为中标人。在现代国际招标业务中，中标与否不完全取决于报价的高低。如果招标人认为所有的投标均不理想，可宣布招标失败。造成招标失败的可能性有三:一是所有报价与国际市场平均价格差距过大;二是所有的投标在内容上都与招标要求不符;三是投标人太少,缺乏竞争性。

4. 签约

招标人选定中标人之后,要向其发出中标通知书,约定双方签约的时间和地点。中标人签约时要提交履约保证金,取代原投标保证金,用以担保中标人将遵照合同履行义务。

二、补偿贸易

补偿贸易(Counter Trade),又称对销贸易、返销贸易、互抵贸易或反向贸易。对销贸易是一种既买又卖、买卖互为条件的国际贸易方式。其主要目的是以进带出,开辟各自的出口市场,求得每宗交易的外汇收支平衡或基本平衡。对销贸易买卖的标的除有形的财产货物以外,也可包括劳务、专有技术和工业产权等无形财产。

(一)补偿贸易的基本形式

1. 易货

易货贸易是买卖双方之间进行的货物或劳务等值或基本等值的直接交换,不涉及现金的收付。通过易货贸易,交易双方可以在不增加外汇支出的情况下,以商品或劳务换回本国所需的各种物资,从而促进本国经济的发展和改善本国的贸易平衡状态。在采用易货贸易方式交易时,买卖双方当事人以一份易货合同确定交易商品的价值,以及作为交换的商品或劳务的种类、规格、数量等内容。为了减少交易商品以及用于交换的商品和劳务的价格可能的波动所造成的影响,一般的易货贸易均为一次性交易,并且合同履约期较短。

战后,易货贸易方式为发展中国家政府间的双边清算协定所采用。参加清算协定的国家按照协定,在规定的时间内(通常为一年),彼此交换各自所需要的商品、物资或劳务,在每个年度末,协定国家对各自所交付货物的价值进行比较,差额部分以下一年度某一方向另一方提交更多的货物或根据规定支付现汇抵偿。显然,清算协定是易货贸易的一种新形式,它从买卖双方的一次性交易发展为协定国家之间在一定时期内的多项易货交易。双边清算协定的签约方出于减少交易风险的考虑,往往在银行融资手段的支持下,委托第三方(贸易公司)在市场上公开销售或处理交换所得物品。在当今的国际贸易中,完全不涉及现金的纯粹的易货贸易形式已极为罕见。

2. 互购

互购也被称为对购(Reciprocal Trade)或平行贸易(Parallel Trade),是最简单、最常用的对销贸易形式。互购是一种现汇交易,是指一方向另一方出口商品和/或劳务的同时,承担以所得款项的一部分或全部向对方购买一定数量或金额商品和/或劳务的义务。在互购协定下,交易双方一般要签订两份相互独立的合同。第一份合同,也就是基础合同或主合同,规定出口方出口商品的质量、数量等有关内容;第二份合同则主要规定出口方购买对销贸易商品的义务。这两份合同由互购协定书联结起来。互购协定往往作为一揽子协定的一部分，并且常常与贷款协定、援助计划和部分现金支付方式相结合使用。

3. 回购

回购在我国又称为补偿贸易（Compensation Trade），是在信贷基础上进行的，是指提供机器设备或交钥匙工厂（Turn-key Plant）的出口方，接受进口一方以该机器设备或工厂所生产的产品支付部分或全部价款的做法。有时双方也可以通过协议，由机器或设备的出口方购买进口一方提供的其他产品。回购方式的做法比较简单，而且有利于企业的成本核算，使用较为广泛。所回购的商品一般在卖方所在市场销售或用于制成品的生产，卖方对回购产品的质量也较为关心和重视。但是，由于回购商品要等进口的机器设备安装投产后才能进行，交易期限往往较长，有时长达 5 至 10 年，甚至更长。

4. 抵销

抵销是指一方在进口诸如国防、航空或宇航、计算机、信息交流等设备时，以先期向另一方或出口方提供的某种商品和/或劳务、资金等抵销一定比例进口价款的做法。抵销的方式可以是为生产该设备而提供的零部件、投入的资金、所转让的技术以及技术培训、项目研究开发等。抵销贸易自 20 世纪 80 年代以来开始盛行，在发达国家之间，以及发达国家与发展中国家的军火交易或大型设备交易中常被采用。

（二）补偿贸易的基本做法

进行补偿贸易业务的基本过程大致可以分为三个阶段。

1. 准备阶段

从引进设备、技术和劳务的一方来说，首先要做好可行性研究，其中最主要的是引进项目的建设条件是否具备。例如，所需的土地、劳动力、资金、生产与管理技术必须能够落实；对项目的投资效果要进行估算，应保证有相当的经济效益；产品主要销往国外市场的，销路要有保证等。在进行可行性研究的基础上，才能确定引进项目，然后按规定报请主管部门审批，获准后再进行具体的前期工作安排。

在可行性研究中，对项目的投资效果的推算是最主要的内容。估算补偿贸易的经济效益可从外资可偿期、外资总收益率、人民币资金换汇率和企业利润率四个方面进行核算。所谓外资可偿期是反映在以利润偿还的基础上项目的补偿能力。可偿期越短，表明补偿能力越强，反之则越弱。如果可偿期超过进口设备的服务年限，则该项补偿贸易对本国并无经济利益，是不可取的。其计算公式为：

可偿期 = 外资总成本 / 年外汇纯利

所谓外资总收益率是指企业使用外资进口设备在服务期内的外汇净收入，在偿付外资本息后，归企业所得部分在净收入中所占的比重。其计算公式为：

外资总收益率 =（年外汇纯利 × 服务期 − 外资总成本）/（年外汇纯利 × 服务期）

×100%=（1- 可偿期/服务期）×100%

按照国际上对借贷资金的看法，总收益率一般在60%以上才是合算的。

所谓人民币资金换汇率是指一定量的外汇收入与需要投入的国内资金量的比例。其计算公式为：

人民币资金换汇率 =（年外汇净收入 × 服务期）/（人民币资金 × 服务期）×100%

此外，作为一个企业也要按照国内各类企业的经济核算方法计算企业的利润率。

关于土地、劳动力、人民币资金、生产技术、管理机构等前期工作的安排和落实也是一项很重要的工作，这些工作都直接关系到项目的及时建设和投产，并影响到预期效益的实现。

2. 对外磋商阶段

这是补偿贸易的关键阶段，双方就补偿贸易合同的主要条款进行具体磋商，明确双方的权利和义务。

3. 签订书面合同阶段

补偿贸易的书面合同一般有三种：补偿贸易协议、设备（或/和技术、劳务）进口合同、补偿产品出口合同。

补偿贸易是一笔具体交易的基础，是连接进口机器设备（或/和技术、劳务）和出口补偿产品的两个合同的纽带。它规定了进行补偿贸易的总原则和一般条件。具体的进出口商品的规格、数量和价格、交货时间等内容则在进出口合同中分别做出安排。简单的补偿贸易也有只签订补偿贸易协定，而不再另签进出口合同的。此外，有的在双方开始磋商时或在磋商过程中，先签订补偿贸易意向书，但在一般情况下，这不是正式合同，对双方不具有约束力。如果使用银行信贷，还要与银行签订贷款协议。

补偿贸易虽有积极作用的一面，但由于业务复杂，牵涉面较广，所以，在我国通过补偿贸易引进设备时必须精心策划，认真核算，审慎处理。此外，下列问题值得我们注意：

第一，进口设备应是发展国民经济所必需的，有利于发挥我国资源和劳动力优势等有利条件或有利于增加外汇收入的，技术上要能控制污染没有公害的，而且是先进的、能为我所用的，同时要防止不必要的重复引进。

第二，要争取以制成品补偿。如果以原料补偿，则这种原料必须是资源丰富与自用有余的。要考虑补偿产品在世界市场的销售情况和出口前景，防止影响同类产品的正常出口。

第三，补偿贸易的客户对象，要选择信用好、经营能力强，特别是具有推销补偿产品能力的客户。进口的设备、技术和劳务的价格要比较合理，信贷条件比较优惠。

第四，签约时要妥善规定返销产品的作价原则，明确返销的时间。返销金额应为技术设备的价款另加延付期的利息费用。

第五，补偿贸易的支付方式，可以采用对开信用证、银行保函、汇付和托收等方式，但必须贯彻先收后付的原则。一般要使用贷款，以现金支付设备价款。贷款有私人信贷、银行信贷以及出口信贷。出口信贷利率较低，带有政府补贴的性质，而且利率又是固定的，不受资金市场影响。开展补偿贸易应尽可能直接利用设备出口国的出口信贷。

由于补偿贸易从确定商品价格至实际结算往往需要一段较长的时间，在此期间，如使用货币的汇率发生较大变化，就会给交易的一方带来损失。因此，在选用计价货币时，应选用币值相对比较稳定的货币为宜，必要时可在合同中订立外汇保值条款。

第六，外资偿还期原则上越短越好，但如果补偿产品在国际市场上畅销，价格趋涨，其涨幅超过利率幅度，则偿还期长一些也是可取的。

第七，实行多边补偿时，如承担回购义务的第三方未能履行其回购义务，或承担提供间接补偿产品的第三方未能如约提供时，则原设备出口方或进口方仍应分别承担相应的责任。

三、加工贸易

（一）来料加工

来料加工贸易在我国又称为对外加工装配业务，广义的来料加工包括来料加工和来料装配两个方面。它是指由外商作为委托方，提供一定的原材料、零部件、元器件，由我方作为承接方，按照委托方的要求进行加工装配，成品交由委托方处置，承接方按照约定收取工缴费作为报酬。

1. 来料加工贸易的性质

来料加工贸易与一般进出口贸易不同。一般进出口贸易属于货物买卖，来料加工虽有原材料、零部件的进口和成品的出口，却不属于货物买卖。因为原料和成品的所有权始终属于委托方，在一进一出的过程中并未发生转移，我方只提供劳务并收取约定的缴费。因此，可以说来料加工这种委托加工的方式属于劳务贸易的范畴，是以商品为载体的劳务出口。按照我国合同法的解释，来料加工合同属于承揽合同的性质。

2. 来料加工贸易的作用

来料加工对于承接方来讲，具有以下作用：
（1）可以发挥本国的生产潜力，补充国内原材料的不足，为国家增加外汇收入。
（2）引进国外的先进技术和管理经验，有利于提高生产、技术和管理水平。
（3）有利于发挥劳动力众多的优势，增加就业机会，繁荣地方经济。

对委托方来讲，来料加工贸易也可降低其生产成本，增强竞争力，并有利于委托方所在国的产业结构调整。

3. 来料加工合同的主要内容及有关问题

来料加工合同包括三部分：约首部分、本文部分和约尾部分。约首和约尾主要说明订约人的名称、订约宗旨、订约时间、合同的效力、有效期限、终止及变更方法等问题。本文部分是合同的核心内容，其中包括：加工产品名称、品质、规格、数量、交货期、损耗率、残次品率、加工费标准及金额、付款方式、保险、验收等。如果对方融资为我方购进机器设备生产线等，并在加工费中分期扣还其价款者，这就兼具补偿贸易的性质，我们应在合同或协议中加入相应的条款，做出明确具体的规定。

(1) 对来料来件的规定

来料加工业务中，承接方能否按时、按质、按量交付成品很大程度上取决于委托方能否按时、按质、按量供料。因此，在合同中要明确规定来料来件的质量要求、具体数量和到货时间。合同签订之后，任何一方不得擅自更改。为了明确责任，一般同时规定验收办法和委托方未能按规定提供料件的处理办法以及未按时间到达造成承接方停工、生产中断的补救方法。

(2) 对产品质量的规定

委托方为了保证成品在国际市场的销路，对成品的质量要求比较严格，因此承接方在签订合同时必须从自身的技术水平和生产能力出发，妥善规定，以免交付成品时发生困难。质量标准一经确定，承接方就要按时按质按量交付成品，委托方则根据合同规定的标准验收或由双方同意的检验机构进行检验，并出具证明文件。为了保证产品质量，有时委托方也可派人到加工现场进行技术指导和生产监督。

(3) 关于耗料率和残次品率的规定

耗料率又称原材料消耗定额，是指每单位成品消耗原材料的数额。残次品率是指不合格产品在全部成品中的比率。这两个指标如果定得过高，则委托方必然要求增加成本，减少产品的收入；如果定得过低，则承接方执行起来就会遇到困难。在合同中规定这一条款时一定要做到公平合理，并且留有余地，因为它直接关系到双方的利害关系和能否顺利执行合同。一般委托方要求耗料率不得超过一定的定额，否则由承接方负担，残次品率不能超过一定比例，否则委托方有权拒收。另外，可要求委托方在提供原材料和零部件时，按照耗料率和残次品率的百分比增加供应数量，多出部分不计算在加工装配的成品数额中。

(4) 关于工缴费标准的规定

工缴费是直接涉及合同双方利害关系的核心问题。由于加工装配业务本质上是一种劳务出口，所以工缴费的核定应以国际劳务价格为依据，并要具有一定竞争性。在对外谈判协商工缴费标准时，除了据理力争外，还要有长远观点。如通过认真审定，认为该项目确有发展前途时，在开展业务的初期，工缴费可以低一点，等业务开展起来，随着技术的进步和质量的提高，再逐步提高工缴费标准。另外，还应考虑到市场行情的变化和货币汇率的变化等因素，当情况发生较大变化时，应适当调整工缴费水平。

(5) 对工缴费结算方式的规定

来料加工业务中关于工缴费的结算方法有两种：第一种是来料、来件和成品均不作价，单收加工费。采用这种方法时，多数是由委托方在承接方交付成品后通过汇付、托收或信用证方式向承接方支付加工费。第二种方法是对来料、来件和成品分别作价，两者之间的差额即工缴费。采用这种方式时，承接方应坚持先收后付的原则，具体做法是，承接方开立远期信用证或以远期托收的方式来对来料、来件付款，委托方以即期信用证或即期托收方式支付成品价款。在规定远期付款的期限时，要注意与加工周期和成品收款所需时间相衔接并适当留有余地，这样可以避免垫付外汇。

(6) 对运输保险的规定

来料加工业务涉及两段运输：原料运进和成品运出，须在合同中明确规定由谁承担有关的运输责任和费用。由于原料和成品的所有权均属于委托方,所有运输的责任和费用也应由委托方承担。但在具体业务中可灵活掌握,承接方也可代办某些运输事项。如规定由承接方支付某项运费,则应在工缴费中将该项运费包括在内。

来料加工涉及的保险包括两段运输险以及货物加工期间存仓的财产险。同运输一样,从法律上讲,承接方只承担加工装配,保险应归委托方负责。但从实际业务过程看,由承接方投保较为方便,有时委托方也要求承接方代办保险,保险费可连同工缴费向委托方结算。如由承接方代办保险,双方还应约定保险险别、保险金额等条件。

中国人民保险公司为适应来料加工业务发展的需要,开设了来料加工一揽子综合险,投保这一险别后,保险公司即承担了两段运输和存仓财产险。

(7) 关于由委托方提供设备和技术的规定

有的来料加工业务中,为了保证加工产品的质量,根据双方的约定,由委托方提供原料的同时,提供某些设备和技术,这些要在合同中做出明确规定。机器设备除了要写明其名称、规格、质量、牌号、出厂地点和时间、价格外,还必须明确是无偿提供还是有偿提供。如果有偿提供,要订明我国国内承接方偿还价款的方式和期限。若提供技术,除按一般技术转让要求外,还应规定国外委托方为国内承接方培训技术人员和派遣专家的名额、培训时间、专家工作时间,以及费用负担等具体事宜。

(8) 关于商标和专利使用问题

商标和专利都属于工业产权,各国对所有人都制定了保护性法律,在加工贸易中经常遇到国外委托方要求国内承接方按特定商标、外形设计和规格指标进行加工装配生产,在这些方面也应引起国内承接方的重视,为避免对他人的侵权,可要求委托方提供有关商标或专利的注册登记文件或其他足以证明其合法使用权的其他文件,或在合同中订明承接方是按照委托方来样图纸、配方及指定的商标进行加工装配和包装,如对第三方构成侵权,责任全部由委托方承担,与我承接方无关,承接方因此遭受的损失应由委托方负责赔偿。

此外,来料加工合同还应订立不可抗力和仲裁等预防性条款。

(二) 进料加工

1. 进料加工的含义

进料加工一般是指从国外购进原料,加工生产出成品再销往国外。由于进口原料的目的是为了扶植出口,所以,又被习惯称为"以进养出气"。我国开展的以进养出业务,除了包括进口轻工、纺织、机械、电子等行业的原材料、零部件、元器件,加工、制造或装配出成品再出口外,还包括从国外引进农、牧、渔业的优良品种,经过种植或繁育出成品再出口。

进料加工与前面所讲到的来料加工有相似之处,即都是"两头在外"的加工贸易方式,但两者又有明显的不同。第一,来料加工在加工过程中均未发生所有权的转移,原料运进和成品运出属于同一笔交易,原料的供应者即是成品的接受者;而在进料加工中,原料的进口和成品的出口是两笔不同的交易,均发生了所有权的转移,原料供应者和成品购买者之间也没有必然的联系。第二,在来料加工中,我方不用考虑原料的来源和成品的销路，不承担商业风险，只收取工缴费，因此，对于广大中小企业就比较合适；而在进料加工中，我方是赚取从原料到成品的附加价值，要自筹资金、自寻销路、自担风险、自负盈亏。这项业务在乡镇企业和规模较小的企业中就难以开展。

2. 进料加工贸易的做法

进料加工的具体做法，归纳起来大致有以下三种：

第一，先签订进口原料的合同，加工出成品后再寻找市场和买主。这种做法的好处是进料时可选择适当时机，在价格较低时购进，而且，一旦签订出口合同，就可尽快安排生产，保证及时交货，交货期一般较短。但采取这种做法时，要随时了解国外市场的动向，以保证所生产的产品能适销对路，否则，就会造成库存积压，影响企业的经济效益。

第二，先签订出口合同，再根据国外买方的订货要求从国外购进原料，加工生产，然后按合同的规定交货。这种做法包括来样进料加工，即由买方先提供样品，我方根据其样品的要求再从国外进口原料，加工生产。这种做法的优点是产品的销路有了保障，但要注意加工成品所需的原料来源必须落实，否则会影响到成品的质量或者导致无法按时交货。

第三，对口合同方式。即与国外客户签订进口原料合同的同时签订出口成品的合同，原料的提供者也就是成品的购买者。但这两个合同相互独立，分别以现汇结算。采用这种做法时，原料来源和成品销路均有了保证，但它的适用面较窄，不易成交。实际做法中，有时原料提供者与成品购买者也可以是不同的人。

3. 开展进料加工的意义

进料加工在我国并非一种新的贸易方式，但在改革开放的过程中，在中央政策的鼓励下有了较为迅速的发展，特别是东部沿海地区开展得十分普遍。我国开展进料加工的意义主要表现在以下几个方面：

第一，有利于解决国内原料紧缺的困难，利用国外提供的资源，发展出口商品生产，为国家创造外汇收入，有些不能出口的产品还可以满足国内市场的需要。

第二，开展进料加工可以更好地根据国际市场的需要和客户的要求，组织原料进口和加工生产，特别是来样进料加工方式，有助于做到产销对路，避免盲目生产，减少库存积压。

第三，进料加工是将国外的资源和市场与国内生产能力相结合的国际大循环方式，也是国际分工的一种形式。通过开展进料加工，可以充分发挥我国劳动力价格相对低廉的优势，并有效利用相对过剩的加工能力，扬长避短，促进我国外向型经济的发展。

（三）境外加工贸易

1. 境外加工贸易的含义

境外加工贸易是指我国企业以现有装备、技术在国外进行直接投资时，利用当地的劳动力开展加工装配业务，以带动和扩大国内设备、技术、原材料、零配件出口的一种国际经济合作方式。

可见，境外加工贸易是在海外进行投资办厂的基础上，结合开展来料加工或进料加工，其目的是为了促进我国设备、技术以及原料的出口。

2. 开展境外加工贸易的必要性和可行性

我国企业开展境外加工贸易时间很短，可以说是刚刚起步，还缺乏经验，但应该看到它是当前国民经济结构调整和培育新的出口增长点的一项重要战略措施。我国政府决定开展这项业务是经过深思熟虑的，我们开展境外加工贸易具有它的必要性和可行性。

（1）开展境外加工贸易的必要性

第一，我国与许多国家存在着双边贸易不平衡问题，影响贸易关系的发展，开展此项业务，有助于绕过贸易壁垒，保持和拓展东道国市场或发展向第三国的出口，来缓解双边贸易不平衡的矛盾。

第二，在某些行业，如家电行业，我国生产技术已经成熟，要想在劳工成本不断上升的压力下维持产品的国际竞争力，必须将长线产品转移到相对落后的国家或地区，来支持本国产业结构的调整。

第三，现在经济全球化是个大趋势，我国企业需要走出国门，开展跨国经营，利用当地较低的生产、运输成本和现有的市场销售渠道及其在区域经济一体化中的影响，获得较高的经济效益。

（2）开展境外加工贸易的可行性

第一，改革开放以来我们在开展加工贸易方面积累了丰富的经验，也培养了一大批管理人才，为我们走出国门打下了坚实的基础。

第二，在劳动力密集、技术层次较低、产品标准化的行业中开展加工装配业务，我国有着较强的竞争优势。在一些科技含量较高的行业，经过近年来的不断努力，我们也具备了参与国际竞争的实力。

第三，我国资源丰富，某些原材料（如棉花、棉布等）在国内有库存积压，通过带料加工，既有助于国产料件的出口，也解决了东道国资源不足的问题。

为了促进这项业务的开展，国家制定了一系列鼓励措施，这主要包括：资金支持、外汇管理、出口退税、金融服务和政策性保险等鼓励政策。

3. 开展境外加工贸易时应注意的问题

从我国一些大型企业开展这项业务的经验教训来看，应注意以下几个重要问题：

（1）做好人才方面的准备

国际市场竞争的关键是人才竞争，我国企业要想走出国门，并且在复杂多变的国际市场上站稳脚跟，首先需要一大批精干的人才。这些人除了要懂专业技术外，还必须具有从事外经贸业务的必要知识，熟练地掌握外语技能，熟悉国际经贸法律和市场营销知识，而且尽可能是一专多能的复合型人才。当然，这主要靠长期的培养和选拔。此外，举办各种培训班也可以起到一定的作用。

(2) 要注重信息的积累

境外加工贸易是我国企业在国外进行直接投资的基础上开展起来的，也就是说企业活动的主要场地是在国外，因此，对当地的有关信息掌握的好坏直接关系到这项业务的成败。我们在选定目标市场时，一定要做充分的调查研究，了解有关信息，特别是与投资环境有关的当地法规、税收政策、文化背景、基础设施、自然条件以及工会情况等。只有在广泛收集信息的基础上，进行科学的分析，才能减少盲目性，降低投资风险。

(3) 注意加强宏观管理

要进行合理规划，做好项目的可行性研究，并努力做到四个结合：与扩大我国外贸出口相结合，与国内产业结构调整相结合，与国外市场需求相结合，与企业自身优势相结合。此外，在选择目标市场时要避免扎堆，不搞无序竞争。

第四节　商品期货交易

一、期货交易的概念

（一）期货交易的含义

期货交易（Futures Trading）是指在期货交易所内，按一定规章制度进行的期货合约的买卖。

现代期货交易是在期货交易所内进行的。目前期货交易所已经遍布世界各地，期货交易的品种基本上都是属于供求量较大、价格波动频繁的初级产品，如谷物、棉花、食糖、咖啡、可可、油料、活牲畜、木材、有色金属、原油，以及贵金属如金、银等。随着金融创新的不断发展，金融期货交易成为发展最快、交易最活跃和影响最大的期货交易。

（二）期货交易与现货交易的联系与区别

现货交易是传统的货物买卖方式，交易双方可以在任何时间和地点通过签订货物买卖合同达成交易。在进出口业务中，无论是即期交货，还是远期交货，进出口商之间达成的交易均属于现货交易的范畴。而期货交易是以现货交易为基础发展起来的。在商品期货交易中，期货合约所代表的商品是现货交易市场中的部分商品，绝大多数的商品是不能以期货合约的方式进行交易的。在国际期货市场上交易的期货商品是以农副产品、金属等初级产品为主。尽管两种市场的价格都要受到同一经济规律的制约，然而，期货交易与现货交易却存在着下列明显的区别：

第一，从交易的标的物看，现货交易买卖的是实际货物，而期货交易买卖的是期货交易所制定的标准期货合约。

第二，从成交的时间和地点看，现货交易中交易双方可以在任何时间和地点来达成交易,而期货交易必须在期货交易所内,按交易所规定的开市时间进行交易。

第三,从成交的形式看,现货交易基本上是在封闭或半封闭的双边市场上私下达成的,交易双方在法律允许的范围内按"契约自主"的原则签订买卖合同,合同条款是根据交易双方的情况而订立的,其内容局外人是不知道的;而期货交易是在公开、多边的市场上,通过喊价或竞价的方式达成的。期货合约的条款是标准化的(除交易数量、交割月份和价格由交易双方达成),而且达成交易的信息,包括价格是对外公布的。

第四,从履约方式看,在现货交易中,无论是即期现货交易,还是远期现货交易,交易双方都要履行买卖合同所规定的义务,即卖方按合同规定交付实际货物,买方按规定支付货款;而在期货交易中,双方成交的是期货合约,卖方可以按期货合约的规定履行实际交货的义务,买方也可以按期货合约规定接受货物。但期货交易所都规定,履行期货合约不一定要通过实际交割货物来进行,只要在期货合约到期前,即交易所规定的该合同最后交易日前,交易者做一笔方向相反、交割月份和数量相等的相同合同的期货交易,交易者就可解除他实际履行合同的义务。这也就是期货市场上所称的对冲或平仓。值得注意的是,绝大多数期货交易并不涉及货物的实际交割。

第五,从交易双方的法律关系看,在现货交易中,买卖双方达成交易,就固定了双方的权利和义务,交易双方之间产生直接的货物买卖的法律关系,任何一方都不得擅自解除合同;而期货交易双方并不互相见面,合同履行也无须双方直接接触。交易达成后,期货交易双方并不建立直接的法律关系。

第六,从交易的目的看,在现货交易中,交易双方的目的是转移货物的所有权。从卖方讲,是出售货物,取得货款;从买方讲,是取得一定经济价值的实际商品。而参加期货交易的人可以是任何企业和个人。不同的参加者进行期货交易的目的不同,有的是为了配合现货交易,利用期货交易转移价格变动的风险,有的是为了在期货市场上套取利润,有的是专门从事投机,目的是取得相应的投资利润。

二、期货市场的构成

期货市场(Futures Market)是指按一定的规章制度买卖期货合约的有组织的市场。期货交易就是在期货市场上进行的交易行为。

期货市场主要由期货交易所、期货佣金商和清算所等构成。

进出口商通常都是通过期货佣金商下单,由佣金商在期货交易所执行,交易达成后,所有合约都要通过清算所统一清算结算。

(一)期货交易所

期货交易所(Futures Exchanges)是具体买卖合同的场所。我们将从事期货交易的场所一律统称为期货交易所,把包括期货交易所在内,涉及期货交易及其运行的组织机构称为期货市场。

期货交易所本身不参加期货交易,运用资金主要靠创立之初的投资、会员费和收取的手续费。交易所的职能是:①提供交易场地;②制定标准交易规则;③负责监督和执行交易规则;④制定标准的期货合约;⑤设立仲裁机构,解决交易争议;⑥负责收集和向公众传播交易信息。

（二）期货佣金商

期货佣金商（Futures Commission Merchant，FCM）又称经纪行或佣金行，是代表金融、商业机构或一般公众进行期货交易的公司或个人组织，其目的就是从代理交易中收取佣金。

期货佣金商的主要业务包括：①向客户提供完成交易指令的服务；②作为客户进行期货交易的代理人，负责处理客户的保证金；③记录客户盈亏，并代理进行货物的实际交割；④向客户提供期货交易的决策信息，以及咨询业务。

期货佣金商往往是如下机构：主要经营证券业务的大证券投资公司，专营期货交易的期货公司，以及从事实物交易的公司，如生产商、中间商和进出口商等。

（三）清算所

清算所（clearing house）是负责对期货交易所内买卖的期货合约进行统一交割、对冲和结算的独立机构，它是随期货交易的发展以及标准化期货合约的出现而设立的清算结算机构。在期货交易的发展中，清算所的创立完善了期货交易制度，保障了期货交易能在期货交易所内顺利进行，因此成为期货市场运行机制的核心。

清算所的创立使期货交易者在交易所内达成交易，却不建立通常货物买卖中转移货物所有权的直接法律关系。一旦期货交易达成，交易双方分别与清算所发生关系。清算所既是所有期货合约的买方，也是所有期货合约的卖方。这是因为清算所有特殊的"取代功能"，清算所这一功能得以实现，又是因为清算所的财力雄厚，而且实行了一套严格的无负债的财务运行制度—保证金制度。

保证金制度（Margin System），也称押金制度，指清算所规定的达成期货交易的买方和卖方，应交纳履约保证金的制度。

清算所要求每一位会员都必须在清算所开立一个保证金账户，对每一笔交易，会员都要按规定交纳一定数额的保证金。为防止出现违约，非会员也要向清算所会员交纳一定的保证金。

清算所规定的保证金有两种：初始保证金和追加保证金。

初始保证金（Initial Margin 或 Original Margin）是指期货交易者在开始建立期货交易部位（Trading Position）时，要交纳的保证金。对于所交纳初始保证金的金额，世界各地不同期货交易所有不同的规定，通常按交易金额的一定百分比收取，一般在 5%~10% 之间。该笔保证金一旦交纳，即存入清算所的保证金账户。

追加保证金（Variation Margin 或 Call Margin）是指清算所规定的，在会员保证金账户金额短少时，为使保证金金额维持在初始保证金水平，而要求会员增加交纳的保证金。清算所为了防止出现负债情况，采取逐日盯市（marking to the market）的原则，用每日的清算价格对会员的净交易部位核算盈亏。当发生亏损，保证金账户金额下降时，清算所便要求会员必须交纳追加保证金。

清算所规定交纳追加保证金的目的是为了保证交易顺利进行，杜绝可能出现的违约现象。当会员净交易部位发生亏损时，清算所就会向会员发出追加保证金的通知，一般要求在第二天开市前就要缴纳；否则，清算所有权在第二天开市时，在期货交易所中，对违约客户已建立的交易部位按市价平仓或对冲，亏损部分由客户已交纳的保证金来弥补。

（四）期货交易的参加者

按参加期货交易的目的，交易者可分为下列两大类：

1. 套期保值者

套期保值者（Hedger）一般为实际商品经营者、加工者和生产者。他们的主要目的是在现货市场中进行实际货物的买卖。为了保障现货交易的正常合理利润，他们往往在期货市场上采取适当的套期保值策略来避免或减少价格波动风险带来的现货交易损失。

2. 投机者

投机者（Speculator）指在期货市场上通过"买空卖空"或"卖空买空"，希望以较小的资金来博取利润的投资者。与套期保值相反，投机者愿意承担期货价格变动的风险，一旦预测期货价格上涨，投机者就会买进期货合约（或称"买空"或"多头"）；一旦预测期货价格将下跌，就会卖出期货合约（或称"卖空"或"空头"），待价格与自己预料的方向变化一致时，再抓住机会进行对冲。

三、套期保值

（一）套期保值的含义

套期保值（Hedging）是指期货市场交易者将期货交易与现货交易结合起来进行的一种市场行为。其定义可概括为交易者在运用期货交易临时替代正常商业活动中，转移一定数量商品所有权的现货交易的做法。其目的就是要通过期货交易转移现货交易的价格风险，并获得这两种交易相配合的最大利润。

（二）套期保值的做法

套期保值者在期货市场上的做法有下列两种：

1. 卖期保值

卖期保值（Selling Hedge）是指套期保值者根据现货交易情况，先在期货市场上卖出期货合约（或称建立空头交易部位），然后再以多头进行平仓的做法。例如，生产厂商或加工商在采购原材料的同时，为了避免价格波动的风险，往往采取卖期保值的做法。

2. 买期保值

买期保值（Buying Hedge）是指套期保值者根据现货交易情况，先在期货市场上买入期货合约（或称建立多头交易部位），然后再以卖出期货合约进行平仓的做法。通常中间商在采购货源时，为避免价格波动，固定成本，经常采取买期保值的做法。

（三）套期保值应注意的事项

1. 必须审慎从事

从套期保值的做法中得知，卖期保值是为了防止现货价格下跌，买期保值是为了防止现货价格上升。但如果在卖期保值后，价格非但没有下跌反而上涨，或买期保值后，价格没有上升反而下跌，那么套期保值的结果就会事与愿违。

套期保值对实物交易者而言，是排除了对现货市场价格变动风险进行投机，目的是为了保障实物交易中的合理利润免遭损失，而丧失了不做套期保值可以取得更多现货盈利的机会。

正因为如此，有人认为，对套期保值应有选择地进行。但由于市场价格变化莫测，要对其走势做出正确判断并非易事，故目前一般商人仍习惯于在每笔实物交易之后，即做一笔套期保值，以策安全。

2. 应注意基差的变化

套期保值的效果，往往取决于套期保值时和取消套期保值时实际货物和期货之间差价的变化，即基差的变化。

基差（Basis）指的是在确定的时间内，某一具体的现货市场价格与期货交易所达成的期货价格之间的差额。用公式来表示如下：

基差＝现货市场价格－期货市场价格

在现货市场的实物交易中，商人之间经常用基差来表示现货交易的价格，特别是在签订非固定价格合同时，用基差来表示实际现货价格与交易所期货价格的关系。

实践表明，套期保值的效果取决于基差的变化。从另一个角度讲，套期保值能够转移现货价格波动的风险，但最终无法转移基差变动的风险。然而，在实践中，基差的变化幅度要远远小于现货价格变动的幅度。交易者对基差的变化是可以预测的，而且也易于掌握。

第八章 企业财务综合分析与应用

第一节 财务综合分析概述

一、财务综合分析的意义

（一）财务综合分析的概念

所谓财务综合分析，就是将企业偿债能力、盈利能力和营运能力等方面的分析纳入一个有机的分析系统之中，全面地对企业财务状况、经营状况进行解剖和分析，从而对企业经济效益做出较为准确的评价与判断。

（二）财务综合分析信息需求者

财务综合分析信息需求者主要包括权益投资者、债权人、经理人员、政府机构和其他与企业有利益关系的人士。他们出于不同的利益考虑使用财务报表，对财务信息有着不同的要求。

1. 债权人

债权人是指借款给企业并得到企业还款承诺的人。债权人关心企业是否具有偿还债务的能力。债权人可以分为短期债权人和长期债权人。

债权人的决定是否给企业提供信用，以及是否需要提前收回债权。他们进行财务综合分析是为了回答以下几方面的问题：①公司为什么需要额外筹集资金；②公司还本付息所需资金的可能来源是什么；③公司对于以前的短期和长期借款是否按期偿还；④公司将来在哪些方面还需要借款。

2. 投资者

投资者是指公司的权益投资者，即普通股股东。普通股股东投资公司的目的是扩大自己的财富。他们所关心的是资本的保值增值状况、获利能力及风险等。

权益投资者进行财务综合分析，是为了回答以下几方面的问题：①公司当前和长期的收益水平高低，以及公司收益是否容易受重大变动的影响；②目前的财务状况如何，公司资本结构决定的风险和报酬如何；③与其他竞争者相比，公司处于何种地位。

3. 经理人员

经理人员是指由被所有者聘用的、对公司资产和负债进行管理的个人所组成的团体，有时称为管理当局。

经理人员关心的是公司的财务状况、盈利能力和持续发展的能力。经理人员可以获取外部使用人无法得到的内部信息。他们分析报表的主要目的是改善报表。

4. 政府机构有关人士

政府机构有关人士也是公司财务报表的使用人，包括税务部门、国有企业的管理部门、证券管理机构、会计监管机构和社会保障部门的有关人士。他们使用财务报表是为了履行自己的监督管理职责。

5. 其他人士

其他人士是指除以上各方面以外的其他与企业有利益关系的相关人士。

（三）财务综合分析的目的和意义

财务综合分析正是要满足以上所述报表使用人的需求。一般来说，财务报表分析从偿债能力、营运能力、盈利能力和发展能力等角度对企业各项经济活动进行了深入的分析，对各个报表使用者了解企业的财务状况与财务成效，判断企业在某一方面的状况与业绩是十分有用的，但又很难对企业财务总体状况做出总体结论，因此有必要在会计报表分析的基础之上进行财务综合分析。财务综合分析不仅可以明确企业盈利能力、营运能力、偿债能力及发展能力之间的相互联系，找出制约企业发展的瓶颈所在，而且财务报表综合分析是财务综合评价的基础，通过财务综合分析有利于综合评价企业经营业绩，明确企业的经营水平与位置。

二、财务综合分析的特点

财务综合分析的特点体现在其财务指标体系的要求上。一个健全有效的综合财务指标体系必须具备三个基本特点：

1. 指标要素齐全适当

这是指所设置的评价指标必须能够满足对企业营运能力、偿债能力和盈利能力等诸方面总体考核的要求。

2. 主辅指标功能匹配

这里要强调两个方面：①在确立营运能力、偿债能力和盈利能力诸方面评价的主要指标与辅助指标的同时，进一步明晰总体结构中各项指标的主辅地位；②不同范畴的主要考核指标所反映的企业经营状况、财务状况的不同侧面与不同层次的信息有机统一，应当能够全面而翔实地揭示出企业经营理财的实绩。

3. 满足多方面信息需要

这要求评价指标体系必须能够提供多层次、多角度的信息资料，既能满足企业内部管理当局实施决策的需要，又能满足外部投资者和政府经济管理机构凭以决策和实施宏观调控的要求。

三、财务综合分析的方法体系

（一）传统财务分析评价体系

运用较广泛的传统财务分析评价方法主要包括杜邦财务评价体系和沃尔比重评分法。杜邦财务评价体系是利用各财务指标间的内在关系，对企业综合经营理财及经济效益进行评价的方法。其中，净资产收益率是一个综合性最强的财务指标，是杜邦指标系统的核心。沃尔比重评分法将流动比率、产权比率、固定资产比率、存货周转率、应收账款周转率、固定资产周转率与自有资金周转率等七项财务比率用线性关系结合起来，并分别给定各自的分数比重，然后通过与标准比率进行比较，确定各项指标的得分及总体指标的累计分数，从而对企业的信用水平做出评价。

（二）现代财务分析评价方法

自亚历山大·沃尔创建沃尔比重评分法以来，财务评价问题一直是国外财务学界研究的热点，并出现了诸多财务评价方法，如平衡计分卡、经济增加值及供应链绩效衡量等，虽然中国的很多企业已将它们运用于实践，但仍存在问题。

四、财务综合分析方法的应用原则

1. 信息资料充分原则

信息资料充分原则是进行综合分析评价的前提，只有拥有充分的资料，才能使分析结果具有可靠性，充分说明分析结果。

2. 定性分析与定量分析相结合原则

定性分析就是对研究对象进行质的方面的分析。具体地说，是运用归纳和演绎、分析与综合以及抽象与概括等方法，对获得的各种材料进行思维加工，从而能去粗取精、去伪存真、由此及彼、由表及里，达到认识事物本质、揭示内在规律的目的。而在财务分析中，定量分析可以使人们对研究对象的认识进一步精确化，更加科学地揭示规律，把握本质，理清关系，预测事物的发展趋势。进行财务综合分析时，定量分析同样是必不可少的。定性分析是对事物质的判断，而定量分析是通过一定的量去反映质的状态和变化。两者充分结合，从而全面系统地做出分析结论，提高分析结果的全面性和可使用性。

3. 静态分析与动态分析相结合原则

静态分析就是分析经济现象的均衡状态以及有关的经济变量达到均衡状态所具备的条件，它完全抽象掉了时间因素和具体的变化过程，是一种静止地、孤立地考察某种经济事物的方法。静态分析法只分析经济现象达到均衡时的状态和均衡条件，而不考虑经济现象达到均衡状态的过程。而动态分析是对经济变动的实际过程进行的分析，其中包括分析有关变量在一定时间过程中的变动，这些经济变量在变动过程中的相互影响和彼此制约的关系，以及它们在每一个时点上变动的速率等。动态分析法的一个重要特点是考虑时间因素的影响，并把经济现象的变化当作一个连续的过程看待。静态分析能说明某一时点上的状态，动态分析能反映某一时间段上相关数据的变动方向及发展趋势，两者结合运用，为进行预测、决策等多方面分析提供了很好的依据。

第二节　财务综合分析方法

一、财务比率综合评分法

（一）财务比率综合评分法的原理

财务比率综合评分法是由美国银行家亚历山大·沃尔在 20 世纪初提出并使用的方法，又叫沃尔比重评分法。

在进行财务分析时，人们遇到的一个主要困难就是计算出财务比率之后，无法判断它是偏高还是偏低。与本企业的历史比较，也只能看出自身的变化，却难以评价其在市场竞争中的优劣地位。为了弥补这些缺陷，亚历山大·沃尔在其于 20 世纪初出版的《信用晴雨表研究》和《财务报表比率分析》中提出了信用能力指数概念，将流动比率、产权比率、固定资产比率、存货周转率、应收账款周转率、固定资产周转率、自有资金周转率等七项财务比率用线性关系结合起来，并分别给定各自的分数比重，然后通过与标准比率进行比较，确定各项指标的得分及总体指标的累计分数，从而对企业的信用水平做出评价。

原始意义上的沃尔比重评分法存在两个缺陷：一是所选定的七项指标缺乏证明力；二是当某项指标严重异常时，会对总评分产生不合逻辑的重大影响。现代社会与沃尔时代已经发生很大的变化。沃尔最初提出的七项指标已难以完全适应当前企业评价的需要。其实，不同的行业有不同的特点，可能需要不同的指标来评价才能全面反映其真实的状况。在运用沃尔比重评分法时，应根据不同情况，确定不同的评价标准。后来的财务比率综合评分法在沃尔比重评分法的基础上又有所改进，使之更加合理。

（二）财务比率综合评分法的基本程序

1. 选定评价企业财务状况的财务指标

财务指标的选择首先要符合现行财务制度的规定，所选择的指标要能反映财务特征，数量既要充分，又要适当。所选各项指标应尽量保持方向上的一致性，尽量选择正指标，不要选择负指标。评价企业的财务状况，不外乎从盈利能力、偿债能力、营运能力和发展能力等各方面考虑，所以指标的选择也是要囊括这几个方面。

2. 确定重要性系数

重要性系数是指某项指标达到其标准值(行业平均水平或理想值)时可以得到的分数，或称标准评分值，也就是各项财务指标得分的权数比重。各项财务指标的标准评分值之和应等于100分。

重要性系数的确定是财务比率综合评分法的一个重要问题，它直接影响到对企业财务状况的评分多少。重要性系数应根据各项财务指标的重要程度加以确定。某项指标的重要性程度应根据企业的经营活动性质、生产经营规模、市场形象和分析者的分析目的等因素来确定。例如，上述财政部颁布的企业经济效益评价指标体系标准值的重要性权数总计为100分，其中销售利润率为15分，总资产报酬率为15分，资本收益率为15分，资本保值增值率为10分，资产负债率为5分，流动比率（速动比率）为5分，应收账款周转率为5分，存货周转率为5分，社会贡献率为10分，社会积累率为15分。

3. 确定各项财务指标的标准值

财务指标的标准值是指各指标在本行业现实条件下的理想的数值。标准的财务指标是指特定的国家、行业、时期的财务指标，通常是行业平均指标。行业平均指标一般是根据行业中部分企业抽样调查得来的，因为行业中不同公司所采用的会计方法不一定相同，每个企业的经营状况也可能存在较大差异，这些都会影响指标限值的代表性。因此，要根据实际情况对行业平均财务指标进行必要的修正，尽量保证财务指标限值的科学性、代表性。

4. 计算企业在一定时期各项财务指标的实际值

5. 计算出各项财务指标实际值与标准值的比率，即关系比率

关系比率总的说来等于财务指标的实际值与标准值的比值，具体计算方法要区分三种情况：

（1）凡实际值大于标准值为理想的，其计算公式为：

关系比率 =1+（实际值 – 标准值）/ 标准值
或：关系比率 = 实际值 / 标准值
（2）凡实际值小于标准值为理想的，其计算公式为：
关系比率 =1+（标准值 – 实际值）/ 实际值
（3）凡实际值脱离标准值均为不理想的，其计算公式为：
关系比率 =1–（|实际值 – 标准值|）/ 标准值

6. 计算出各项财务指标的实际得分

各项财务指标的实际得分是关系比率和标准评分值（权数）的乘积，每项财务指标的得分都不得超过上限或下限，所有各项财务指标实际得分的合计数就是企业财务状况的综合得分。如果综合得分接近或大于 100 分，说明企业财务状况良好，符合或高于行业平均水平。如果综合得分低于 100 分，说明企业财务状况存在问题，各项财务能力较差。综合实际得分的计算公式如下：

综合实际得分 =∑（权数 × 关系比率）

财务比率综合评分法是评价企业总体财务状况的一种比较可取的方法，但这一方法的正确性取决于指标的选定、标准值的合理程度、标准值重要性权数的确定等。

二、经济增加值评价法

（一）经济增加值的基本概念

从算术角度说，EVA 等于税后经营利润减去债务和股本成本，是所有成本被扣除后的剩余收入。其公式如下：

经济增加值（EVA）= 调整后的公司税后净营业利润 – 企业的加权平均资本成本 – 调整后的公司期初资本（包括负债和所有者权益）的经济价值

应用 EVA 评价公司经营业绩的基本思路是：企业的投资者可以通过股票市场自由地将其投资企业的资本加以变现，进而转做其他投资。因此，投资者至少应从企业获得投资的机会成本，即企业加权平均资本成本。这就意味着，如果 EVA 为正值，即调整后的净营业利润大于产生此利润的全部资本成本，公司才产生经济利润，并为股东创造财富；反之，若 EVA 为负值，则表示公司虽然有会计利润，但却没有产生经济利润，公司在消耗股东的财富。因此，EVA 是对真正"经济"利润的评价，或者说是表示净营运利润与投资者用同样资本投资其他风险相近的有价证券的最低回报相比，超出或低于后者的量值。相对于人们重视的企业会计利润而言，EVA 理念认为，企业所占用股东资本也是有成本的，所以在衡量企业业绩时，必须考虑到股东资本的成本。EVA 实质是股东考核企业经营水平，进行投资决策时的最好工具，同时也是企业经营者加强公司战略、财务管理、衡量员工业绩、设定奖罚机制的最佳手段。

(二) EVA 的计算

EVA 的计算是应用经济增加值指标的第一步。公司每年创造的经济增加值等于税后净营业利润与全部资本成本之间的差额。其中，资本成本既包括债务资本的成本，也包括股本资本的成本。

在实务中 EVA 的计算要相对复杂一些，这主要是由两方面因素决定的：一是在计算税后净营业利润和投入资本总额时需要对某些会计报表科目的处理方法进行调整，以消除根据会计准则编制的财务报表对企业真实情况的扭曲；二是资本成本的确定需要参考资本市场的历史数据。

1.EVA 的三个基本要素计算

由上可知，EVA 的计算结果取决于三个基本变量，即税后净营业利润、资本总额和加权平均资本成本。

（1）税后净营业利润

税后净营业利润等于税后净利润加利息支出部分（如果税后净利润的计算中已扣除少数股东损益，则应加回），即公司的营业收入减去利息支出以外的全部经营成本和费用(包括所得税费用) 后的净值。因此，它实际上是在不涉及资本结构的情况下，公司经营所获得的税后利润，即全部资本的税后投资收益，反映了公司资产的盈利能力。除此之外，还需要对部分会计报表科目的处理方法进行调整，主要目的是为了消除会计的稳健主义，消除或减少管理当局进行盈余管理的机会，使业绩计量免受过去会计计量误差的影响。调整的主要内容包括：递延所得税、先进先出利得（存货利润）调整，研发费用及广告支出的会计调整，商誉摊销、资产租赁、物价变化调整，折旧调整，等等。

（2）资本总额

资本总额是指所有投资者投入公司经营的全部资金的账面价值，包括债务资本和股本资本。其中，债务资本是指债权人提供的短期和长期贷款，不包括应付账款、应付单据、其他应付款及其他商业信用负债；股本资本不仅包括普通股，还包括少数股东权益。因此，资本总额还可以理解为公司的全部资产减去商业信用债务后的净值。同样，计算资本总额时也需要对部分会计报表科目的处理方法进行调整，以纠正对公司真实投入资本的扭曲。在实务中既可以采用年初的资本总额，也可以采用年初与年末资本总额的平均值。

（3）加权平均资本成本

加权平均资本成本是指债务资本的单位成本和股本资本的单位成本，是根据债务和股本在资本结构中各自所占的权重计算的平均单位成本。

企业的加权平均资本成本可通过以下公式得出：

加权平均资本成本 = 股本资本 / 全部资本占用 × 股本资本成本率 + 债务资本 / 全部资本占用 × 债务资本成本率（税后）

2.报表项目调整原则

如前所述，由于根据会计准则编制的财务报表对公司真实情况的反映存在部分失真，在计算 EVA 时需要对其会计报表科目的处理方法进行调整。实践中选择调整项目时应该遵循的原则有：

第一，重要性原则，即拟调整的项目涉及金额应该较大，如果不调整会严重扭曲公司的真实情况；

第二，可影响性原则，即经理层能够影响被调整项目；

第三，可获得性原则，即进行调整所需的有关数据可以获得；

第四，易理解性原则，即非财务人员能够理解；

第五，现金收支原则，即尽量反映公司现金收支的实际情况，避免管理人员通过会计方法的选取操纵利润。

（三）EVA 的评价

EVA 是一个流量指标，因为它是利润的度量标准，而所有的利润指标都是流量指标。EVA 是把超额回报这样的存量指标转变为流量指标的一种手段。EVA 类似于传统的利润计算方法，但又与其有着重要区别：一是 EVA 考虑所有资本的成本，而公司的损益表仅考虑多数可见的资本成本和利润成本，忽视了权益资本成本。尽管估算权益资本成本是一个主观概念，但忽视了这种成本的公司，其业绩考核就不能揭示该公司在为其股东创造价值上所取得的成就。二是 EVA 不受通用会计原则的限制。由于 EVA 明确扣除了所有资本的机会成本，而且事先将会计数字转换为经济数字，所以它对任何时段的企业业绩都能做出较为准确的评价。

经济增加值评价法的优点，经济增加值评价法强调了权益资本成本在企业经营业绩评价中的作用，从而克服了传统会计利润忽略权益资本成本的缺陷。EVA 体系在企业的评价指标、管理体系、激励制度和观念体系方面比起传统的基于会计利润的业绩评价指标有很多优越性。这些优越性主要体现在：

第一，无论处于何种时间段的企业业绩，EVA 体系都可以做出较为准确、恰当的评价。它明确了扣除所有资本的机会成本，明确了股东权益的回报要求。同时，在计算 EVA 的过程中，先要对传统的会计数字进行一系列调整，这样就消除了会计扭曲，使业绩评价结果能够尽量地与经济现状吻合。例如，EVA 将研发支出进行了资本化处理，不再一次性计入费用，而是作为可摊销的无形资产，在适当的时间内分期摊销。这种处理鼓励了研发、培训等能为公司带来长期效益的行为，克服了传统会计的缺陷。

第二，建立在 EVA 基础之上的评价体系密切关注股东财富的创造，并以此指导企业决策的制定和营运管理，使战略企划、资本分配、并购或出售等行为更加符合股东利益，使资本运作计划更加有效。

第三，EVA 考虑了有关公司价值创造的所有因素和利益关系平衡，其不仅是一种公司业绩核定方法，还有一个财务管理的全面架构，是一种经理人薪酬的激励机制。经理人为自身谋取更多利益的唯一途径就是为股东创造更大的财富，从而在企业的经营管理和决策方面，不再是只注意短期效果，而是从企业发展的长远利益出发。

第四，EVA还为企业带来了一种全新的经营管理观念。在EVA制度下，企业经营的唯一目标即是提升EVA，各部门之间会自动建立联系，加强合作，引导和鼓励管理人员和普通员工为股东的利益思考和工作。

第三节　杜邦财务分析介绍

一、杜邦分析法的概念

财务比率综合评分法主要用于综合财务评价，在综合评价上是一种科学有效的方法。但它只能说明企业综合财务状况是否达到标准财务比率的水平及其程度，不能很好地说明企业财务状况好与不好的原因，所以财务比率综合评分法是外部综合评价的一种方法。作为企业内部对自身财务状况的综合评价，其目的除了了解企业综合财务状况好与不好外，更重要的是了解企业综合财务状况好与不好的原因是什么，以便发现问题，采取措施，改善企业的财务状况，提高企业的盈利能力。为此，企业内部综合财务状况的评价一般采用杜邦分析法。

（一）杜邦分析法的概念

杜邦分析法亦称杜邦分析体系，是利用各财务指标之间的内在联系，建立财务指标间的综合分析模型，对企业的财务状况进行分析和评价的方法。这一方法是由美国杜邦公司首先设计和使用的，所以叫作杜邦分析法。杜邦分析模型反映了各财务指标间的相互关系，并通过一定的方式将其联结在一起，使各财务指标形成一个有机的指标体系。

其分解公式如下：

股东权益（净资产）收益率 =（净利润/总资产平均余额）×（总资产平均余额/所有者权益平均余额）

= 总资产收益率 × 权益乘数

式中，

总资产收益率 = 销售净利率 × 总资产周转率

销售净利率 = 净利润/营业收入

总资产周转率 = 营业收入/总资产平均余额

所以

净资产收益率 =（净利润/营业收入）×（营业收入/总资产平均余额）×（总资产

平均余额/股东权益平均余额)

即:

股东权益报酬率＝销售净利率×总资产周转率×权益乘数

杜邦分析体系改善了原有分析方法的不足,使单方面分析变为整体分析。如果只对企业的偿债能力、盈利能力以及资产的营运能力等进行单方面的分析,得出的结论往往是片面的,而且有可能三个不同方面的结论相互矛盾,使企业难以做出科学的决策。例如,通过资产负债率、流动比率等指标发现企业负债过高,隐藏着极大的财务风险,在这样的情况下,应该做出缩小负债规模的决策;通过资产利润率、销售利润率等指标的分析,又发现企业的盈利能力很强,盈利率很高,在这样的情况下,又会使管理者做出加大投资力度的决策。所以,如果只进行企业单方面状况的分析,将一些孤立的财务分析指标堆积在一起,彼此毫无联系地去观察、分析,违背了事物普遍联系的观点,很难得到企业真实、正确、全面的信息,会影响企业的经营决策。杜邦分析体系恰恰是弥补了这种分析方法的不足。

(二) 杜邦分析法的特点

杜邦分析法最显著的特点是将若干个用以评价企业经营效率和财务状况的比率按其内在联系有机地结合起来,形成一个完整的指标体系,并最终通过权益收益率来综合反映。采用这一方法,可使财务比率分析的层次更清晰、条理更突出,为报表分析者全面仔细地了解企业的经营和盈利状况提供方便。

杜邦分析法有助于企业管理层更加清晰地看到权益资本收益率的决定因素,以及销售净利率与总资产周转率、债务比率之间的相互关联关系,给管理层提供了一张明晰的考察公司资产管理效率和是否最大化股东投资回报的路线图。

二、杜邦分析法的步骤

第一,从净资产收益率开始,根据会计资料(主要是资产负债表和利润表)逐步分解计算各指标。由于杜邦分析法已经找出各个主要指标的内在关系,因此我们首先要把这些指标分解,直接从资产负债表或者利润表上取得数据并计算得出结果。

第二,将计算出的指标填入杜邦分析图。杜邦分析图清楚地列示了各个指标之间的关系,把计算出的结果填入图中更有利于进行综合分析。

第三,逐步进行前后期对比分析,也可以进一步进行企业间的横向对比分析。取得各指标数据后,就可以采用各种方法来评价企业各个期间以及不同企业间的财务差异。

三、杜邦分析法的图解

图 8-1 是杜邦分析法的图解,从中可以看到指标的分解过程及各指标间的联系。它给出了一个相对完整的指标体系。

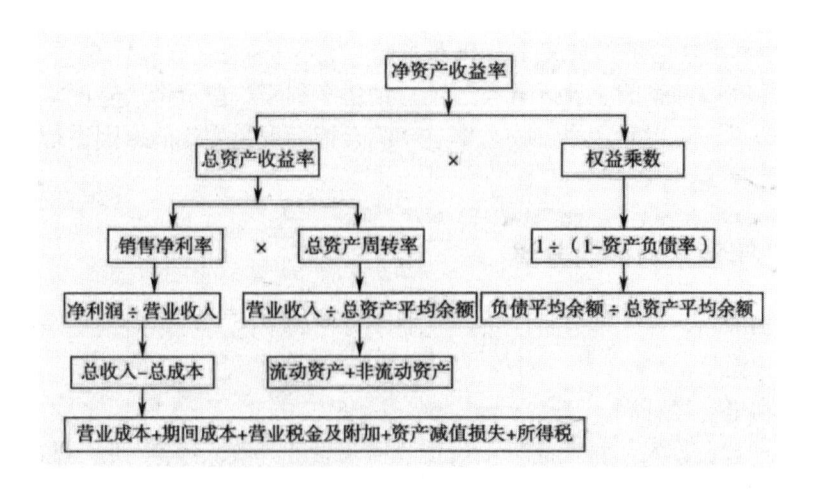

图 8-1 杜邦分析法的图解

（一）净资产收益率的分解

净资产收益率是杜邦分析体系中一个最具综合性的指标，也是杜邦分析指标金字塔中处于塔尖的指标。杜邦分析图中第一层次的分解，是把净资产收益率分解为总资产收益率和权益乘数的乘积。那么，总资产收益率和权益乘数与净资产收益率成正比例关系。无论是提高总资产收益率还是提高企业的权益乘数，都能达到提高企业的净资产收益率的目的。进而把总资产收益率分解为净利润和资产总额两个因素，把权益乘数分解为资产总额和所有者权益两个因素，揭示出净利润的提高和所有者权益的相对减少会提高净资产收益率；反之则相反。其中，权益乘数的提高则意味着企业负债的增加，反映出财务杠杆的正效应对企业的有利影响。

（二）总资产收益率的分解

总资产收益率在杜邦分析体系中属于第二层次的指标，综合性也很强。对它的分解如下：

总资产收益率 = 销售净利率 × 总资产周转率

把总资产收益率分解为销售净利率和总资产周转率两个指标，并且两个指标和总资产收益率也是正比例关系。销售净利率提高，总资产收益率提高；总资产周转速度加快，总资产收益率提高。而资产周转速度加快的原因是营业收入增加或资产总额减少。在资产总额不变的情况下销售净利润提高，或者在销售净利润不变的情况下资产规模降低，同样会使总资产收益率提高。在实际管理决策过程中，一般采用增加企业利润和加快资产周转的方法来提高总资产收益率，降低资产规模的方式只有在特殊情况下才会采用。

（三）净资产收益率的进一步分解

通过上述指标的初步分解后，得出下面分解式：

净资产收益率 = 总资产收益率 × 权益乘数
= 销售净利率 × 总资产周转率 × 权益乘数

决定净资产收益率的主要因素有三个：销售净利率、总资产周转率、权益乘数。这样进一步分解以后，可以对净资产收益率这一综合指标发生变化的原因进行更具体、更细化的分析。

（四）销售净利率的分解

为了更加清晰、深入地分析净资产收益率变化的原因，可以对销售净利率做更细致的分解，分解式如下：

销售净利率 = 净利润 / 营业收入

净利润 = 营业收入 – 营业成本 + 投资收益 + 营业外收入净额 – 所得税

式中的营业收入为扣除销售折扣、售后退回和销售折让后的营业收入净额，除了通常意义的营业成本外，式中的营业成本还包含期间成本、营业税金及附加和资产减值损失。

对销售净利率的分解实际上也就是间接地对净资产收益率的分解，这样，就对净资产收益率进行了部分的层层分解。当然，这种分解还可以继续进行下去。之所以进行这样的分解实际上是要找出引起净资产收益率变动的真正原因，然后发扬优势、改进劣势，使企业向着更健康的方向发展。

（五）权益乘数的分解

权益乘数表示企业的负债程度，反映了公司利用财务杠杆进行经营活动的程度。资产负债率高，权益乘数就大，则公司负债程度高，公司会有较多的杠杆利益，但风险也高；反之，资产负债率低，权益乘数就小，则公司负债程度低，公司会有较少的杠杆利益，但相应所承担的风险也低。权益乘数的分解式如下：

权益乘数 = 资产总额 / 股东权益总额
= 1– （1/ 资产负债率）

从计算公式可以看出，负债比重越高，资产负债率越大，权益乘数越高，即权益乘数与负债比重同方向变动。

四、杜邦分析法信息解读

从杜邦分析体系可以了解到下面的财务信息：

第一，净资产收益率又称股东权益报酬率，是一个综合性最强的财务比率，是杜邦分析体系的核心指标。其他各项指标都是围绕这一核心，通过研究彼此间的依存制约关系，揭示企业的获利能力及其前因后果。财务管理的目标是使所有者财富最大化。净资产收益率反映所有者投入资金的获利能力，反映筹资、投资、资产运营等活动的效率，提高净资产收益率是实现财务管理目标的基本保证。净资产收益率取决于企业总资产收益率和权益乘数。总资产收益率主要反映企业在运用资产进行生产经营活动的效率如何，而权益乘数则主要反映了企业的资金来源结构如何。

第二，总资产收益率又称总资产净利率，是反映企业获利能力的一个重要财务比率，它揭示了企业生产经营活动的效率，综合性也极强。企业的营业收入、成本费用、资产结构、资产周转速度以及资金占用量等各种因素，都直接影响到总资产净利率的高低。总资产净利率是销售净利率与总资产周转率的乘积。因此，可以从企业的销售活动与资产管理两个方面来进行分析。

第三，反映企业盈利能力、生产能力、成本管理水平等信息的指标是销售净利率（也称销售利润率）。销售净利率反映了企业净利润与营业收入的关系，是提高净资产收益率的关键指标，也是企业生存的关键因素之一。在企业的销售净利率为正数时，企业营业收入和净利润增加。但是，要提高企业的销售净利率，单单靠提高营业收入是不行的。

销售净利率是一个相对指标，它的提高主要靠改变成本总额与营业收入的比例，也就是降低成本费用。杜邦分析体系分析列示了各项成本费用。通过分析成本费用的结构是否合理，可以发现企业在成本费用方面存在的问题，为加强成本费用管理提供依据。同时，通过对成本费用的分析，找出降低成本费用的关键所在，降低耗费，增加利润。提高企业的销售收入是一个复杂的问题。要提高销售收入，必然要占领市场。而要占领市场，一定要有较强的生产能力、产品创新能力、产品质量保证能力和产品营运能力。

第四，在企业资产方面，主要应该分析以下两个方面：

（1）分析企业的资产结构是否合理，即流动资产与非流动资产的比例是否合理。资产结构实际上反映了企业资产的流动性，它不仅关系到企业的偿债能力，也会影响企业的获利能力。一般说来，如果企业流动资产中货币资金占的比重过大，就应当分析企业现金持有量是否合理，有无现金闲置现象，因为过量的现金会影响企业的获利能力；如果流动资产中的存货与应收账款过多，就会占用大量的资金，影响企业的资金周转。

（2）结合营业收入，分析企业的资产周转情况。资产周转速度直接影响到企业的获利能力。如果企业资产周转较慢，就会占用大量资金，增加资金成本，减少企业的利润。资产周转情况的分析，不仅要分析企业总资产周转率，更要分析企业的存货周转率与应收账款周转率，并将其周转情况与资金占用情况结合分析。

从上述两方面分析，可以发现企业资产管理方面存在的问题，以便加强管理，提高资产的利用效率。

总之，从杜邦分析体系可以看出，企业的获利能力涉及生产经营活动的方方面面。净资产收益率与企业的筹资结构、销售规模、成本水平、资产管理等因素密切相关，这些因素构成一个完整的系统，系统内部各因素之间相互作用。只有协调好系统内部各个因素之间的关系，才能使净资产收益率得到提高，从而实现企业价值最大化的理财目标。

第四节　财务分析的内部应用

一、财务分析与财务预算

财务分析的内部应用是企业内部对会计报表的再利用和解释，具体关系如图 8-2 所示。体现为企业通过对内部报告的分析，实现财务管理的目的（内控），主要包括预算管理、收入、成本、费用等的内部控制管理。同样作为经济应用学学科，财务分析与财务会计的共同特点是为财务信息的使用者提供信息。如果说财务会计系统为信息使用者提供的是一般的信息，那么，财务分析系统提供的则是加工后的信息。

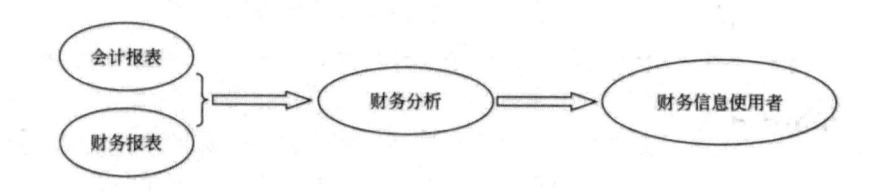

图 8-2 财务分析与财务报表的关系

（一）财务分析的社会岗位需求标准

（1）基层财务人员：能完成财务分析报告的编写并计算出各种相关的数据与指标，为财务信息需求者提供分析性质的财务信息。

（2）中层财务人员：能进行预算分析及成本、费用控制管理。

（3）高层财务人员：根据财务分析报告及数据分析结果实施改进或控制措施并以此作为决策依据。

（二）财务分析与财务预算的关系

财务分析与财务预算（Budget）在财务分析的内部应用中是一种相互依存的关系：内控性质的财务分析的结果是企业预算编制的依据；财务预算又为内部控制财务分析提供了分析的标准信息。

在管理规范的大中型企业和公司中，财务部门的财务分析人员基本属于管理会计人员。或者说管理会计是通过财务分析来实施管理的，而财务分析为管理会计提供了分析的工具和方法。

财务会计人员在公司中的位置是这样的：假设公司筹建阶段时只有一名会计人员到

位，那么这名会计人员必须从事出纳的工作以保证一个企业最基本的支出和收入；在有两名会计人员的情况下，一人从事出纳工作，另一个人则可从事会计工作，即用会计分录（会计凭证）的形式将企业的经济活动分类并记录（分类账），然后通过汇总（总账）完成会计信息的发布（会计报表）工作；在存在三名会计人员的情况下，一名出纳和一名会计之外的第三人可作为会计经理实施管理并发布会计信息，在所发布的会计信息的明确或详细程度不足以满足信息使用者（例如管理高层）的需求时，这名会计经理人员应当对这些会计信息进行加工（财务分析）然后才能输出；随着公司的规模和业务的复杂程度的增加，会计人员也将随之增多，多名会计人员的情况下，会计人员的工作将会有分工，比如负责销售和应收账的"应收组"、负责采购和应付账的"应付组"、负责成本核算的成本组、固定资产、费用管理专门人员等。跨国企业或集团公司还设有成本中心、利润中心、投资中心、现金中心等。当会计报表和财务报表信息不能够满足复杂公司或企业的信息使用者要求，或者企业的规模使得财务控制成为财务管理的关键要素时，负责财务预算、分析和控制等管理会计的内部小组就会应运而生，这就是内控性质的财务分析人员的位置。通过图 8-3 可见。

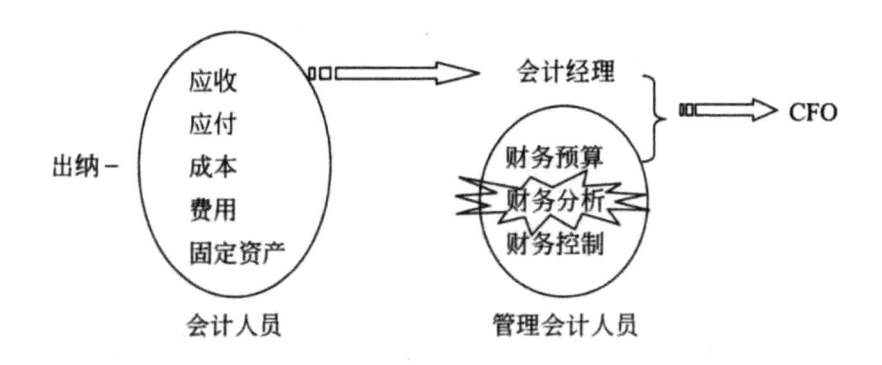

图 8-3 财务分析在企业实际工作中的位置

　　财务预算、分析和控制在内部控制中是相互依存的关系。企业编制财务预算的主要作用在于：将财务预算指标作为与实际数值对比分析的标准，通过实际与预算数据或指标的一一对比，帮助企业了解预算的执行情况，对于与预算有偏差或偏差较大的项目，通过查找原因，分析问题，明确责任，解决问题，最终达到财务控制的目的；财务预算可以作为企业实施财务分析的标杆，但财务预算的编制又有赖于内部财务分析的结果。企业财务预算的编制要经过一个复杂的过程，一般来说是在将前期数据分析调整后的基础上，增加本期来自各部门各项计划的结果。

二、财务分析与财务控制

（一）借助于财务预算的财务分析

　　实际值与预算的对比是公司内部财务控制的重要手段。财务预算（Budget）是年度计划，可以作为全年各项经济活动发生额的衡量标准。如果每个月的实际发生额与预算不符，那么全年的预计值将与年度预算产生累计的偏差，一方面，通过实际数值与预算数值年度累计偏差的变化，可以在每一个月份都能够考察企业执行年度预算的情况；另一方面，依次将发生月的实际数替代预计数值（Forecast）所得到的年度合计，相当于对事前预算的调整结果，又可作为编制下一个会计年度预算的基础。现用报表的形式来解释这种通过预计与预算的比较来实施财务控制的方法。

（二）横向对比与纵向对比的分析

公司、企业运用相关数据的横向对比与纵向对比（前面讲到的水平分析与垂直分析），找出当期与前一期或前几期的不同，分析企业各项财务数据的稳定性及变化原因，同样起到财务控制的作用。事实上，有关内控方面的财务分析表各企业或公司通常根据企业行业特点自行设计，根据要控制的对象的重要程度，各种内控性质的报表复杂程度也不尽相同。但对比的情况比较显著，因此也成为财务分析的工具之一。

参考文献

[1] 王志焕. 财务管理学 [M]. 北京：北京理工大学出版社，2019.
[2] 王怀阳，李小安. 财务报表分析 [M]. 长沙：湖南师范大学出版社，2019.
[3] 王力东，李晓敏. 财务管理 [M]. 北京：北京理工大学出版社，2019.
[4] 高山，高凯丽，周莎. 财务管理 [M]. 北京：北京理工大学出版社，2019.
[5] 王培，郑楠，黄卓. 财务管理 [M]. 西安：西安电子科技大学出版社，2019.
[6] 谭湘. 财务分析：第 2 版 [M]. 广州：中山大学出版社，2018.
[7] 闫华红，邹颖. 财务管理学 [M]. 北京：首都经济贸易大学出版社，2018.
[8] 王培，高祥，郑楠. 财务管理 [M]. 北京：北京理工大学出版社，2018.
[9] 李怀宝，赵晶，白云. 财务管理 [M]. 长沙：湖南师范大学出版社，2018.
[10] 赵捷，李枚芮. 财务管理学 [M]. 上海：上海交通大学出版社，2018.
[11] 赵立韦. 财务管理理论与实务 [M]. 成都：西南交通大学出版社，2018.
[12] 文静，赵宏强. 财务管理实务 [M]. 成都：西南交通大学出版社，2018.
[13] 张梅，艾珺，师艳，等. 刘翠翠参编. 公司财务管理 [M]. 北京：北京理工大学出版社，2018.
[14] 张先治，陈友邦. 财务分析 [M]. 沈阳：东北财经大学出版社，2017.
[15] 王磊，刘悦男，王娜副. 财务分析 [M]. 北京：中国金融出版社，2017.
[16] 桂玉娟著. 财务分析 [M]. 上海：上海财经大学出版社，2017.
[17] 焦永梅，张慧芳. 财务管理 [M]. 郑州：黄河水利出版社，2017.
[18] 彭亚黎. 财务管理 [M]. 北京：北京理工大学出版社，2017.
[19] 陈德智，毕雅丽，云娇. 金融经济与财务管理 [M]. 长春：吉林人民出版社.2020.
[20] 王宛濮，韩红蕾，杨晓霞. 国际贸易与经济管理 [M]. 北京：航空工业出版社，2019.
[21] 于建春. 现代国际经济与贸易发展趋势研究 [M]. 长春：吉林文史出版社，2017.